[illegible]

PAR [illegible]

[illegible] ET [illegible],

PROFESSEURS DE PETIT-SÉMINAIRE,

[illegible] de l'institution de Vitteaux (Côte-d'Or),

[illegible] de Paris.

[illegible]ITION, REVUE ET CORRIGÉE.

[illegible] cartonné : 1 fr. 25 cent.

À PARIS,

[illegible] J. LECOFFRE, LIBRAIRE, RUE DU VIEUX-COLOMBIER, 29.

[illegible] TROUVE AUSSI CHEZ LES AUTEURS, A VITTEAUX (CÔTE-D'OR).

1859.

GRAMMAIRE
FRANÇAISE.

X

TRAITÉ D'ACCENTUATION GRECQUE,

A l'usage des Elèves,

PAR LES MÊMES.

RHÉTORIQUE FRANÇAISE,

PAR LES MÊMES.

GRAMMAIRE FRANÇAISE,

PAR

MM. Ém. LECOMTE ET MÉNÉTRIER,

ANCIENS PROFESSEURS DE PETIT-SÉMINAIRE,

Ex-Directeurs de l'institution de Vitteaux (Côte-d'Or),

Membres de la Société Asiatique de Paris.

NEUVIÈME ÉDITION, REVUE ET CORRIGÉE.

Prix de l'Ouvrage, cartonné : 1 fr. 35 cent.

A PARIS,

CHEZ J. LECOFFRE, LIBRAIRE, RUE DU VIEUX-COLOMBIER, 29.

SE TROUVE AUSSI CHEZ LES AUTEURS, A VITTEAUX (CÔTE-D'OR).

1859.

COURS COMPLET

D'ENSEIGNEMENT GRAMMATICAL

Pour les trois langues classiques,

PAR LES MÊMES :

GRAMMAIRE FRANÇAISE complète, 9e édition. Prix. . . . 1 f. 35 c.

GRAMMAIRE FRANÇAISE de Lhomond, 9e édition, *complétée, mise dans un ordre meilleur, et augmentée d'un petit dictionnaire des verbes irréguliers, défectifs ou difficiles.* Prix, cart. . . . . . 60 c.

NOTA. — Cette petite Grammaire est en harmonie parfaite avec la Grammaire française complète.

GRAMMAIRE LATINE de Lhomond, 2e édit., *un peu complétée et mise dans un ordre meilleur.* Prix, cart. . . . . 1 f. 65 c.

GRAMMAIRE GRECQUE, 3e édition. Prix, cart. . . . . 3 f. » c.

NOTA. — Ces trois Grammaires, rapprochées l'une de l'autre, forment un cours d'enseignement grammatical complet, tel qu'il ne s'en est peut-être pas encore présenté de semblable. Quel avantage, en effet pour l'élève de pouvoir étudier constamment, pour ainsi dire, à l'école du même maître, et de retrouver dans ses trois Grammaires, autant que le permet la différence des trois langues, la même marche, le même ordre, les mêmes divisions et souvent les mêmes exemples!

PROSODIE LATINE, 5e édition. Prix, cart. . . . . 1 f. » c.

COURS COMPLET D'EXERCICES FRANÇAIS, 9e édit. Prix. 1 f. 35 c.

CORRIGÉ. Prix. . . . . 1 f. 50 c.

PETIT COURS D'EXERCICES FRANÇAIS, 7e édition. Prix, cart. 60 c.

CORRIGÉ. Prix. . . . . 75 c.

COURS DE THÈMES LATINS. Prix, cart. . . . . 1 f. 65 c.

CORRIGÉ. Prix. . . . . 2 f. 50 c.

Ces différents ouvrages sont adoptés dans un très-grand nombre de Maisons d'éducation, telles que :

1° LES PETITS-SÉMINAIRES de *Langres, Pignelin, Semur, Meximieux, Strasbourg, Vernoux, Saint-Chéron, Sainte-Garde, Blois, Saint-Memmie, Nozeroy, Malines* (Belgique), *Hoogstraeten* (Belgique), *Basse-Wavre* (Belgique), *Verdun-sur-Meuse, Auxerre, L'Argentière, Chavagnes, Sables-d'Olonne, Saint-Martin-ès-Vignes, Châtel, Senaide, Bourges, Verrières, Laon, Saint-Omer, Pleaux, Servières, Montpellier, Montbrison, Nantes, Guérande, Belmont, Aubenas, Beaucaire, Metz, Matha, Notre-Dame-de-Liesse, Moissac, Luxeuil*, etc., etc.

2° LES COLLÉGES, INSTITUTIONS OU MAITRISES de *Saint-Etienne* (RR. PP. Jésuites), *Digne, Langres, Soissons, Annot, Forcalquier, Oloron, Poitiers, Saint-Nizier* à Lyon, *Notre-Dame-de-Sainte-Croix* au Mans, *Bourbonne-les-Bains, Aubenas, Albertville* (Haute-Savoie), *Angers, Narbonne, Pont-de-Beauvoisin, Autun, Colmar, Buis, Auxerre, Saint-Dizier, Toulouse, Ancenis, Châteaubriand, Chauvé, Nantes, Machecoul*, et plusieurs du diocèse de *Malines* (Belgique), etc., etc.

3° LES CONGRÉGATIONS RELIGIEUSES des sœurs du Saint-Sacrement à *Romans*, des sœurs de la Providence à *Séez*, des sœurs de Saint-Martin à *Bourgueil*, des sœurs de Saint-Régis à *Aubenas*, des sœurs de l'Education chrétienne à *Argentan*, des frères de l'Instruction chrétienne à *Saint-Laurent-sur-Sèvres*, des frères de Sion-Vaudemont à *Vézelise*, des sœurs de la Providence à *Langres*, des sœurs de Saint-François-d'Assise à *Lyon*, des sœurs de l'Union chrétienne à *Fontenay-le-Comte*, des sœurs de la Société de Sainte-Marie à *Angers*, des sœurs de la Miséricorde à *Billom*, des sœurs de la Présentation de Marie au *Bourg-Saint-Andéol*, des sœurs Ursulines du Sacré-Cœur à *Pons*, des frères-directeurs de l'Institution des sourds-muets et des jeunes aveugles à *Fives-lez-Lille*, des clercs de Saint-Viateur *aux Ternes*, des frères de la Croix-de-Jésus à *Moutiers-en-Tarentaise* (Savoie), etc., etc.

AVERTISSEMENT.

Quelques changements ont été faits dans cette 9e *édition* : mais nous sommes bien aises d'avertir tout de suite le public que ces changements sont peu considérables. Nous avons eu soin, en outre, de garder le même ordre dans les numéros ou paragraphes, en sorte que les éditions précédentes concorderont encore avec celle-ci, et ne causeront point dans certaines classes l'embarras qui résulte toujours pour le maître de la diversité des éditions.

Pourrions-nous ne pas remercier ici le public de l'accueil si bienveillant qu'il a fait à nos différentes publications? La majorité des Petits-Séminaires de France suit, en ce moment, notre *Cours complet d'enseignement grammatical pour les trois langues classiques* (1). En *Savoie*, une Commission française, nommée à Chambéry par M. le Ministre de l'Instruction publique de Turin, vient de se prononcer pour l'adoption de nos livres dans les provinces françaises des Etats Sardes. En *Belgique*, ces mêmes ouvrages continuent à se répandre dans les Petits-Séminaires et les Colléges catholiques. Il n'est pas jusqu'à la *Hollande* qui ne nous ait demandé des échantillons (Petit-Séminaire de *Rolduc*).

Mais de tous nos ouvrages, aucun n'a obtenu un succès aussi prompt et aussi universel que notre *Grammaire française* complète, et nos *Eléments de Lhomond*, qui en sont l'abrégé fidèle. En huit ans, *neuf éditions*, tirées à des chiffres très-considérables, sont venues nous prouver que nous répondions à un besoin de l'enseignement, surtout pour les écoles primaires. Aussi la plupart des Congrégations Religieuses vouées à l'instruction dans nos villes et dans nos campagnes se sont-elles empressées d'adopter des livres où elles trouvaient, nous disaient-elles, avec une doctrine complète et solide, cette clarté et cette simplicité qui conviennent si bien à des enfants. Telles sont, pour n'en citer que quelques-unes, les puissantes et expérimentées Congrégations des SS. *Sainte-Marthe*, à ROMANS; des SS. de la *Providence*, à GAP; des SS. de la *Conception*, à BORDEAUX; des

---

(1) Voir ci-contre.

Filles de Marie, à AGEN; des SS. de la *Providence*, à SAINT-JEAN-DE-BASSEL (Meurthe); des Frères de la *Croix*, à PONCIN (Ain); des SS. de la *Charité*, à BOURGES, etc., etc.

Nous n'avons pas la prétention de croire qu'on ait manqué jusqu'ici de bonnes grammaires. Mais, il faut bien le dire, on trouve encore trop souvent chez les meilleurs auteurs ces termes abstraits et métaphysiques, cette érudition déplacée, cette philosophie du langage, qui peut plaire à l'esprit d'hommes formés et instruits, mais qui ne sourit guère assurément à l'intelligence si faible et si peu développée des pauvres enfants. Pour nous, nous l'avouons sans peine, nous nous faisons un mérite d'avoir conservé le genre du bon Lhomond. Comme lui nous avons cherché à être clairs, simples, naturels; comme lui, nous nous sommes scrupuleusement attachés à ne pas employer dans nos deux grammaires un seul mot qui ne fût parfaitement connu et compris de l'enfant.

Ainsi que nous le disions dans la préface des précédentes éditions, nous osons appeler d'une manière toute spéciale l'attention de MM. les professeurs sur la *Seconde Partie* de notre grammaire ou *Syntaxe* (page 99), qui est aussi la partie la plus neuve de tout notre travail. Au lieu de suivre la voie battue, et de présenter les matières de cette seconde partie dans une suite d'observations plus ou moins diffuses et décousues, nous avons imaginé, pour les resserrer davantage et en faire un corps de doctrine plus substantiel, de les réduire en *règles* claires, nettes, précises, qui laissent quelque chose dans l'esprit de l'enfant, et lui permettent de retenir au premier abord le fond même du sujet sur lequel se fixe son attention. Chaque règle porte en tête l'exemple qui lui sert de confirmation. Cette méthode, que nous avons empruntée au *Rudiment* de Lhomond, et transportée du latin en français, n'est pas sans mérite : elle a l'avantage de donner tout de suite à l'élève comme une première idée de la règle elle-même, de manière qu'il en saisit plus facilement le développement, et le retient de même.

Puisse notre travail, revu et perfectionné, contribuer de plus en plus aux progrès de cette jeunesse intéressante, à laquelle nous avons résolu de consacrer nos jours et nos veilles!

GRAMMAIRE FRANÇAISE.

1. La *Grammaire française* nous enseigne à parler et à écrire correctement en français (1).

2. Pour parler et pour écrire correctement en français, on se sert de mots; mais ces mots doivent s'arranger entre eux selon certaines règles.

De là vient qu'on divise la grammaire française en deux parties. Dans la première partie, on apprend à bien connaître les mots dont on se sert, c'est-à-dire leur nom, leur emploi, etc.; et dans la seconde, on apprend à connaître les règles d'après lesquelles on doit les arranger entre eux pour en faire des phrases correctes, et se faire bien comprendre de ceux à qui l'on parle.

PREMIÈRE PARTIE.

Notions préliminaires.

3. Avant d'entrer dans la première partie, il est nécessaire d'avoir quelques notions préliminaires très-courtes : 1° sur *les lettres*; — 2° sur *les mots*; — 3° sur *certains petits signes* que l'on rencontre

(1) Nous préférons cette espèce de définition à celle-ci : *La Grammaire française est l'art de parler*, etc. Le mot *art* n'est pas compris des enfants.

souvent soit sur les lettres, soit entre les mots, et qu'on appelle *signes d'orthographe*.

I.

DES LETTRES.

4. Il y a vingt-cinq lettres dans l'alphabet français. On les divise en *voyelles* et en *consonnes*.

§ 1er. Voyelles.

5. Il y a six voyelles, qui sont : *a, e, i, o, u, y*.

Les voyelles sont *longues* ou *brèves* : les voyelles *longues* sont celles sur lesquelles on appuie plus longtemps que sur les autres en les prononçant ; — les voyelles *brèves* sont celles sur lesquelles on appuie moins longtemps. *Par exemple :*

A est long dans *pâte*, et est bref dans *patte*.

U est long dans *flûte*, et est bref dans *culbute*, etc.

Il n'est pas difficile de sentir qu'on appuie sur l'*a* et sur l'*u* dans *pâte* et dans *flûte*, tandis qu'on passe rapidement sur les mêmes lettres dans *patte* et dans *culbute*.

REMARQUEZ, sur la voyelle *e*, qu'elle s'écrit de trois manières différentes : *e, é, è*.

Dans le premier cas, on l'appelle *e muet*, parce qu'en effet on ne le prononce presque pas, comme dans : *homme, monde*.

Dans le second cas, on l'appelle *é fermé*, parce qu'en effet on le prononce la bouche presque fermée, comme dans : *bonté, café*.

Dans le troisième cas, on l'appelle *è ouvert*, parce qu'en effet on le prononce la bouche très-ouverte, comme dans : *succès, procès*.

§ 2. Consonnes (1).

6. Il y a dix-neuf consonnes, qui sont : *b*, *c*, *d*, *f*, *g*, *h*, *j*, *k*, *l*, *m*, *n*, *p*, *q*, *r*, *s*, *t*, *v*, *x*, *z*.

Remarquez, sur la consonne *h*, qu'elle est *muette* ou *aspirée*. Elle est appelée *muette*, quand elle ne se prononce pas, comme dans *l'homme*, *l'honneur*, *l'histoire*, qu'on prononce comme s'il y avait : *l'omme*, *l'onneur*, *l'istoire*; — elle est appelée *aspirée*, quand elle fait prononcer avec aspiration, c'est-à-dire du gosier, la voyelle qui suit, et qu'elle empêche toute liaison entre les mots. Ainsi il faut écrire et prononcer séparément : *la haine*, et non pas l'*haine* ; *les héros*, et non pas comme s'il y avait *les zhéros*.

II.

DES MOTS.

7. Il y a en français dix espèces de mots, que l'on appelle les dix parties du discours. Ce sont : l'*Article*, le *Nom*, l'*Adjectif*, le *Pronom*, le *Verbe*, le *Participe*, l'*Adverbe*, la *Préposition*, la *Conjonction* et l'*Interjection*.

Ainsi tous les mots, sans exception, que l'on peut prononcer ou rencontrer dans les livres, sont ou des noms, ou des adjectifs, ou des verbes, etc.

---

(1) *Consonnes* (des mots latins *cum* et *sonare*), veut dire *qui sonne avec*; elles sont ainsi appelées parce qu'elles ne forment un son qu'avec le secours des voyelles. Ainsi les consonnes *b*, *c*, *d*, etc., ne se prononcent *bé*, *cé*, *dé*, ou *be*, *ce*, *de*, que parce qu'on y joint la voyelle *é* ou *e*. — Les voyelles, au contraire, du mot latin *vox*, qui veut dire *voix* ou *son*, sont ainsi appelées parce que, seules, elles forment une voix, un son.

On divise les mots en *mots variables* et en *mots invariables*.

§ 1er. Mots variables.

8. Les mots variables sont ceux dont la terminaison varie, c'est-à-dire ne reste pas toujours la même. Ainsi *chanter* est du nombre des mots variables, parce qu'il peut faire *chantons, chantez, chantaient*, etc.; de même *cheval*, qui peut faire *chevaux*, etc.

Les mots variables sont : l'article, le nom, l'adjectif, le pronom, le verbe et le participe.

§ 2. Mots invariables.

9. Les mots invariables sont ceux dont la terminaison ne varie pas, c'est-à-dire reste toujours la même. Ainsi, *pour, avec, beaucoup, toujours,* sont du nombre des mots invariables, parce que ces mots n'ont jamais d'autre terminaison.

Les mots invariables sont : l'adverbe, la préposition, la conjonction et l'interjection.

REMARQUEZ, sur les mots en général, 1° qu'ils se divisent ordinairement en plusieurs parties qu'on appelle *syllabes*; — et il y a autant de parties ou de *syllabes* dans un mot, que la voix met de fois à le prononcer. Ainsi, le mot *cha-ri-té* contient trois parties ou syllabes; car il se prononce en trois fois, *cha-ri-té*; — *vertu* en contient deux; car il se prononce en deux fois, *ver-tu*; — *jour* n'en contient qu'une; car il se prononce d'un seul coup, *jour*.

REMARQUEZ 2° que plusieurs mots réunis, présentant un sens complet, forment ce qu'on appelle une *phrase*. Une phrase va toujours d'un point à un autre. Ainsi, dans l'exemple suivant, il y a deux phrases :

Dieu a créé le ciel et la terre en six jours. Le premier jour il a fait la lumière.

III.

DES SIGNES D'ORTHOGRAPHE.

10. Les *signes d'orthographe* sont de petits signes qui servent soit à changer la prononciation d'une lettre, soit à remplacer une lettre retranchée, soit à séparer les mots entre eux, etc.

Ces signes sont : l'*Accent*, l'*Apostrophe*, le *Tréma*, la *Cédille*, le *Trait d'union*, et les *différents signes de la Ponctuation*.

§ 1er. Accents.

11. L'*accent* est un petit signe qui sert le plus souvent à changer la prononciation d'une lettre.

Il y a trois sortes d'accents : l'*accent aigu* (´), l'*accent grave* (`), et l'*accent circonflexe* (^).

L'accent aigu va de droite à gauche, et se met sur l'*é fermé : bonté, café.*

L'accent grave va de gauche à droite, et se met généralement sur l'*è ouvert : succès, procès.*

L'accent circonflexe ressemble à un *v* renversé, et se met sur les voyelles longues : *apôtre, flûte, abîme, tempête.*

§ 2. L'Apostrophe.

12. L'*apostrophe* (') est un petit signe qui sert à remplacer une voyelle qu'on retranche afin d'éviter une prononciation désagréable. Ainsi l'on dit : *l'or,*

l'argent, en se servant de l'apostrophe, pour ne pas dire *le or*, *le argent*, ce qui serait désagréable. L'apostrophe remplace ici la voyelle *e* retranchée.

§ 3. Le Tréma.

13. Le *tréma* (¨) est un petit signe que l'on met sur une voyelle pour avertir qu'il faut la prononcer séparément de celle qui la précède. Ainsi, dans *Saül*, roi, prononcez *Sa-ul*, en séparant les voyelles, en non pas *Saul*, comme dans *saule*, arbre.

§ 4. La Cédille.

14. La *cédille* (¸) est un petit signe que l'on met sous le ç devant *a*, *o*, *u*, pour avertir qu'il est adouci, c'est-à-dire qu'il doit se prononcer comme un *s*. Ainsi, dans *maçon*, prononcez comme s'il y avait *masson*, et non pas *maquon*.

§ 5. Le Trait d'union.

15. Le *trait d'union* (-) est un petit signe qui sert à unir deux ou plusieurs mots entre eux, comme *chou-fleur*, *chef-lieu*, *très-bien*, *sur-le-champ*, *tour-à-tour*, *etc*.

§ 6. Ponctuation.

16. La *ponctuation* est l'ensemble de tous les petits signes qui servent à séparer les mots entre eux, et à marquer ceux après lesquels il faut plus ou moins s'arrêter en lisant.

Les signes de la ponctuation sont :

1° La *virgule* (,), après laquelle on s'arrête peu en lisant;

2° Le *point-virgule* (;), après lequel on s'arrête un peu plus;

3° Les *deux points* (:), après lesquels on s'arrête à peu près comme pour le point-virgule;

4° Le *point* (.), après lequel on s'arrête le plus longtemps;

5° Le *point interrogatif* (?), dont on se sert quand on interroge, et après lequel on s'arrête généralement comme pour le point;

6° Le *point exclamatif* (!), dont on se sert quand on pousse quelque cri, quelque exclamation, comme *hélas! malheur à moi!* et après lequel on s'arrête généralement comme pour le point.

Ces notions préliminaires posées, nous entrons à proprement parler dans la Première Partie de la grammaire française, qui a pour objet, comme nous l'avons dit, de faire connaître le nom, l'emploi, etc., de chacune des dix espèces de mots du discours. Elle comprendra par conséquent dix chapitres, qui seront suivis d'un Supplément où nous donnerons : 1° les noms, les adjectifs et les verbes irréguliers; — 2° la prononciation régulière de certains mots difficiles; — 3° un modèle d'analyse grammaticale, c'est-à-dire la manière de rendre compte de chaque mot d'une phrase.

CHAPITRE PREMIER.

DE L'ARTICLE.

17. L'*article* est un petit mot qui se met devant les noms. Il y a deux sortes d'articles : l'*article simple* et l'*article composé*.

L'article simple est *le*, *la*, *les*. Ex. : *le* frère, *la* sœur, *les* enfants.

L'article composé est *au*, *aux*, *du*, *des*. Ex. : *au* frère, *aux* sœurs, *du* frère, *des* sœurs. — On l'appelle *composé*, par opposition à l'article *simple*, parce qu'il est réellement composé de deux mots : *au* est pour *à le*; *aux* pour *à les*; *du* pour *de le*; *des* pour *de les*. Ainsi, *au* frère est pour *à le* frère; *aux* sœurs est pour *à les* sœurs, etc.

Remarquez, sur l'article simple, qu'on retranche *e* dans le mot *le*, et *a* dans le mot *la*, quand le mot suivant commence par une voyelle ou une *h* muette. Ainsi l'on dit *l'argent* pour *le argent*, *l'histoire* pour *la histoire*, dont la prononciation serait dure et désagréable; mais alors on met à la place de la lettre retranchée le petit signe ('), dont nous avons parlé, qu'on appelle *apostrophe*.

CHAPITRE II.

DU NOM.

18. Le *nom*, qu'on appelle aussi *substantif*, est un mot qui sert à *nommer* une personne ou une chose. Ainsi, les mots *Pierre*, *Paul*, sont des noms, parce qu'ils servent à nommer des personnes; les mots *livre*, *chapeau*, sont également des noms, parce qu'ils servent à nommer des choses. Il en est de même de *fleur*, *maison*, *table*, *jardin*, *etc.*

Il y a un moyen facile de reconnaître qu'un mot est un nom : c'est de voir si l'on peut mettre devant lui l'article *le*, *la*, *les*. Ainsi, le mot *jardin* est un nom, parce qu'on peut dire *le* jardin; le mot *vertu* est également un nom, parce qu'on peut dire *la* vertu, etc.

19. Il y a deux sortes de noms : le *nom commun* et le *nom propre.*

Le *nom commun* ou *substantif commun* est celui qui convient à toutes les personnes ou à toutes les choses d'une même espèce, c'est-à-dire qui ont entre elles de la ressemblance. Ainsi, le mot *homme* est un nom commun, parce qu'il convient à tous les hommes, quels que soient leur nom, leurs qualités, etc.; le mot *ville* est également un nom commun, parce qu'il convient à toutes les villes.

Le *nom propre* ou *substantif propre* est celui qui ne convient pas à toutes les personnes ou à toutes les choses d'une même espèce, mais seulement à une ou à quelques-unes. Ainsi, les mots *Pierre*, *Paul*, sont des noms propres, parce qu'ils ne conviennent pas à tous les hommes; les mots *Paris*, *Lyon*, sont également des noms propres, parce qu'ils ne conviennent pas à toutes les villes.

REMARQUEZ, sur les substantifs propres, qu'on les écrit toujours par une grande lettre, et qu'on ne met jamais l'article devant les noms propres d'hommes. Ainsi, ne dites pas le *Pierre*, le *Paul*, mais *Pierre*, *Paul*, sans article.

20. Il y a deux choses à distinguer dans les noms, le *genre* et le *nombre.*

§ 1er. Genres.

21. Le *genre* est la propriété qu'ont les noms de marquer, ordinairement à l'aide de terminaisons différentes, si l'être dont on parle est un être mâle ou un être femelle : lion, lion*ne*; loup, lou*ve*.

Il y a en français deux genres : le *masculin* et le *féminin*. Les noms d'hommes et tous les êtres mâles, comme *lion, loup,* sont du genre masculin; les noms de femmes et tous les êtres femelles, comme *lionne, louve,* sont du genre féminin.

REMARQUEZ 1° que les choses qui ne sont ni mâles ni femelles, comme *jardin, arbre, chapeau,* ne devraient être ni du masculin ni du féminin; cependant on a fait les unes du genre masculin, et les autres du genre féminin. Ainsi, *jardin, arbre, chapeau*, sont du masculin; et *fleur, table, sagesse,* etc., sont du féminin.

REMARQUEZ 2° qu'on reconnaît, en général, qu'un nom est du genre masculin, quand on peut mettre devant ce nom *le, du* ou *au,* qui sont les articles du masculin, ou bien le mot *un*; — et qu'il est du genre féminin, quand on peut mettre devant lui *la,* qui est l'article du féminin, ou le mot *une*. Ainsi, *jardin, livre, chapeau,* sont du genre masculin, parce qu'on dit *le* jardin, *le* livre, *un* chapeau; — et *fleur, table, sagesse,* sont du genre féminin, parce qu'on dit *la* fleur, *une* table, *la* sagesse.

§ 2. Nombres.

22. Le *nombre* est la propriété qu'ont les substantifs de marquer, à l'aide de certains changements dans leurs terminaisons, s'ils désignent une seule ou plusieurs personnes, une seule ou plusieurs choses.

Il y a en français deux nombres : le *singulier* et le *pluriel*. Quand on parle d'une seule personne ou d'une seule chose, comme *un homme, une femme, un livre,* le nom est du singulier; — et quand on parle de plusieurs personnes ou de plusieurs choses, comme *les hommes, les femmes, les livres*, il est du pluriel.

REMARQUEZ qu'on reconnaît, en général, qu'un nom est du singulier, quand il y a devant ce nom *le*, *la*, *du*, ou *au*, qui sont les articles du singulier, et on reconnaît qu'il est du pluriel, quand il y a *les*, *des*, ou *aux*, qui sont les articles du pluriel, servant pour les deux genres.

23. Quels changements fait-on subir aux substantifs dans leurs terminaisons, pour marquer qu'ils désignent plusieurs personnes ou plusieurs choses, c'est-à-dire qu'ils sont au pluriel? C'est ce que nous allons faire connaître.

MANIÈRE DE FORMER LE PLURIEL DANS LES NOMS.

24. RÈGLE GÉNÉRALE. — On forme le pluriel en ajoutant *s* à la fin du nom : *Ex.: le frère, les frères; la sœur, les sœurs; le livre, les livres.*

EXCEPTIONS. — A cette règle générale il y a plusieurs exceptions :

1° Les substantifs terminés au singulier par *s*, *x*, *z*, n'ajoutent rien au pluriel : *le fils, les fils; le nez, les nez; la voix, les voix.*

2° Les substantifs terminés au singulier par *au*, *eu*, ajoutent au pluriel non pas *s*, mais *x* : *le bateau, les bateaux; le feu, les feux.* — Il n'en est pas de même des substantifs terminés par *ou* : ils ajoutent *s*, selon la règle générale : *le clou, les clous; le verrou, les verrous, etc...* excepté cependant les sept suivants : *bijou, joujou, caillou, chou, genou, hibou* et *pou*, qui ajoutent *x* : des *bijoux*, des *joujoux*, *etc.*

3° Les substantifs terminés au singulier par *al*, n'ajoutent pas *s*, mais changent *al* en *aux* : le *mal*, les *maux*; le *cheval*, les *chevaux*; excepté cependant *bal*, *carnaval*, *régal*, *chacal*, et quelques autres qu'on rencontre très-rarement, qui font avec *s*, *bals*, *carnavals*, *régals* et *chacals*. — Il n'en est pas des substantifs terminés par *ail* comme de ceux qui sont terminés par *al* : ils ajoutent simplement *s*, selon la règle générale : le *portail*, les *portails*; le *gouvernail*, les *gouvernails*, etc...; excepté cependant *bail*, *émail*, *corail*, *soupirail*, *travail*, qui font *baux*, *émaux*, *coraux*, *soupiraux*, *travaux*.

4° *Ciel*, *œil*, *aïeul*, font généralement *cieux*, *yeux*, *aïeux*. Nous en reparlerons au Supplément.

Remarquez, sur les substantifs terminés par *ant* ou *ent*, qu'ils conservent ou perdent le *t* au pluriel, et qu'on peut écrire à volonté : des *enfants*, des *présents*, ou des *enfans*, des *présens*. Si cependant le substantif n'a qu'une syllabe, comme *dent*, on conserve le *t* au pluriel : des *dents*, des *gants*, et non des *dens*, des *gans*.

RÈGLE DES NOMS,

OU MANIÈRE DE JOINDRE DEUX NOMS ENSEMBLE.

Le livre de Pierre.

25. Règle. — Pour joindre deux noms ensemble en français, on met *de* entre les deux. *Ex.* :

Le livre de *Pierre*; — *la bonté* de *Dieu*, *etc.*

Le substantif qui suit *de*, s'appelle le *complément* de celui qui précède, parce qu'il en complète le sens. En effet, si je dis simplement le *livre*, on ne sait pas de quel livre il s'agit ; mais si je dis *le livre de Pierre*, on voit de quel livre il s'agit, le sens est complet ; *de Pierre* est le complément de *livre*.

CHAPITRE III.

DE L'ADJECTIF.

26. L'*adjectif* est un mot que l'on ajoute au nom pour en marquer la qualité, le nombre, etc. Ainsi quand je dis : *Enfant sage*, *trois soldats*, ces mots *sage*, *trois*, sont des adjectifs.

Il y a un moyen facile de reconnaître qu'un mot est adjectif : c'est de voir si l'on peut y joindre le mot *personne* ou *chose ;* ainsi, *habile, agréable,* sont des adjectifs, parce qu'on peut dire : *personne habile*, *chose agréable*.

27. Comme l'adjectif se rapporte toujours à un nom, il en prend naturellement le genre et le nombre, c'est-à-dire que sa terminaison change selon que le nom est masculin ou féminin, singulier ou pluriel. Ainsi, l'adjectif *bon* fait *bonne,* quand il se rapporte à une femme ; *bons* avec une *s,* quand il se rapporte à plusieurs hommes, etc.

Il faut donc savoir comment se forme le féminin dans les adjectifs, et comment se forme le pluriel.

I. MANIÈRE DE FORMER LE FÉMININ DANS LES ADJECTIFS.

28. RÈGLE GÉNÉRALE. — On forme le féminin dans les adjectifs en ajoutant un *e* muet au masculin. *Ex.* :

Prudent, prudente ; saint, sainte ; méchant, méchante; petit, petite; grand, grande; vrai, vraie, etc.

Exceptions. — A cette règle générale, il y a plusieurs exceptions :

1° Les adjectifs terminés au masculin par un *e* muet, comme *agréable, habile,* ne changent pas au féminin : *une personne habile ; une chose agréable.*

2° Les adjectifs terminés au masculin par *el, eil, ien, on,* comme *cruel, pareil, ancien, etc.*, au lieu de prendre simplement un *e* au féminin, redoublent encore leur dernière consonne : *Cruel, cruelle ; pareil, pareille ; ancien, ancienne ; bon, bonne.* — Il en est de même : 1° des adjectifs terminés par *et,* comme *muet, net, etc.*, qui font *muette, nette ;* excepté *complet, concret, discret, secret, inquiet, replet,* qui font avec un seul *t,* mais en prenant l'accent grave, *complète, concrète, discrète, etc. ;* — 2° de quelques adjectifs terminés par *s,* comme *bas, gras, las, épais, gros* qui font *basse, grasse, lasse, etc. ;* — 3° enfin de quelques autres adjectifs, comme *nul, gentil, sot, paysan,* qui font *nulle, gentille, sotte, paysanne, etc.*

3° Les adjectifs terminés au masculin par *f,* font leur féminin en changeant *f* en *ve : Neuf, neuve ; naïf, naïve, etc.*

4° Les adjectifs terminés au masculin par *x,* font leur féminin en changeant *x* en *se : Heureux, heureuse ; jaloux, jalouse, etc...* excepté *doux, roux, faux* et *vieux,* qui font *douce, rousse, fausse* et *vieille.*

5° Les adjectifs terminés au masculin par *eur,* font pour la plupart *euse* au féminin : *Trompeur, trompeuse ; pêcheur, pêcheuse, etc.* — Il n'en est pas de même des adjectifs en *teur ;* ils font pour la plupart *trice* au féminin, comme *conducteur, con-*

ductrice; accusateur, accusatrice; protecteur, protectrice, etc. (1).

Remarquez 1° que les adjectifs terminés au masculin par *er* forment bien, selon la règle, leur féminin en ajoutant un *e* muet, mais qu'ils prennent de plus l'accent grave sur l'*e* qui précède *r* : *Fier, fière; entier, entière, etc.*

Remarquez 2° que les adjectifs terminés au masculin par *gu* prennent bien aussi, selon la règle, un *e* muet au féminin, mais qu'ils le marquent d'un tréma : *Aigu, aiguë; ambigu, ambiguë; contigu, contiguë, etc.*

Remarquez 3° que les adjectifs suivants forment leur féminin d'une manière très-irrégulière (2) :

Blanc,	— *blanche.*	*Bénin,*	— *bénigne.*
Franc,	— *franche.*	*Malin,*	— *maligne.*
Sec,	— *sèche.*	*Favori,*	— *favorite.*
Frais,	— *fraîche.*	*Devin,*	— *devineresse.*
Public,	— *publique.*	*Tiers,*	— *tierce.*
Caduc,	— *caduque.*	*Témoin,*	— *témoin.*
Turc,	— *turque.*	*Châtain,*	pas de féminin.
Grec,	— *grecque.*	*Fat,*	id.
Long,	— *longue.*	*Dispos,*	id.
Oblong,	— *oblongue.*	*Aquilin,*	id.

A tous ces adjectifs, ajoutez *beau, nouveau, fou, mou,* qui font *belle, nouvelle, folle, molle.* Ces adjec-

(1) Pour ces adjectifs en *eur* ou en *teur,* il y a quelques exceptions à signaler; mais nous n'en parlerons que dans le Supplément, pour ne pas surcharger les élèves.

(2) Nous croyons qu'il ne faut pas fatiguer les élèves à leur faire apprendre de mémoire cette longue liste d'adjectifs : le professeur donne le masculin, et l'élève fait connaître le féminin.

tifs ont encore une autre forme au masculin, *bel*, *nouvel*, *fol*, *mol*, qu'on emploie toutes les fois qu'ils sont placés devant un substantif masculin commençant par une voyelle ou une *h* muette. Ainsi, on dit : *bel* oiseau, et non pas *beau* oiseau ; *nouvel* habit, et non pas *nouveau* habit, etc. Il en est de même de l'adjectif *vieux*, qui fait *vieil* au masculin devant un substantif commençant par une voyelle ou une *h* muette : un *vieil* homme, et non pas un *vieux* homme.

II. MANIÈRE DE FORMER LE PLURIEL DANS LES ADJECTIFS.

29. **Règle générale.** — On forme le pluriel dans les adjectifs, soit masculins, soit féminins, en ajoutant un *s* à la fin. *Ex. :*

Bon, *bonne*, au pluriel *bons*, *bonnes*, *etc.*

Exceptions. — A cette règle générale il y a plusieurs exceptions, mais pour les adjectifs masculins seulement :

1° Les adjectifs masculins terminés au singulier par *s*, *x*, comme *gris*, *épais*, *heureux*, n'ajoutent rien au pluriel : Un nuage *épais*, des nuages *épais* ; un homme *heureux*, des hommes *heureux*, etc.

2° Les adjectifs terminés par *au*, comme *beau*, *nouveau*, ajoutent au pluriel non pas *s*, mais *x* : Un livre *nouveau*, des livres *nouveaux*, etc.

3° Les adjectifs terminés par *al*, comme *égal*, *principal*, changent *al* en *aux* au pluriel : Un nombre *décimal*, des nombres *décimaux*, etc. — Il y a cependant quelques adjectifs en *al*, qui prennent simplement un *s*, selon la règle, comme *fatal*, *final*, *glacial*, *amical*, *jovial*, dont le pluriel est *fatals*, *finals*, *glacials*, *amicals*, *jovials*, etc. ; on les apprendra par l'usage. Il est d'autres de ces adjectifs qui n'ont pas de pluriel masculin usité; on les apprendra également par l'usage.

Remarquez 1°, sur les adjectifs terminés par *ant*, *ent*, qu'ils conservent ou perdent le *t* au pluriel, et qu'on peut écrire à volonté : des fruits *charmants* ou des fruits *charmans*. Cependant, si l'adjectif n'a qu'une syllabe, comme *lent*, on conserve toujours le *t* au pluriel.

Remarquez 2° sur l'adjectif *tout*, qu'au pluriel masculin il perd le *t*, et qu'on écrit *tous* les hommes, et non pas *touts* les hommes.

DIFFÉRENTES SORTES D'ADJECTIFS.

30. Il y a cinq sortes d'adjectifs : les adjectifs *qualificatifs*, les adjectifs *numéraux*, les adjectifs *possessifs*, les adjectifs *démonstratifs* et les adjectifs *indéfinis*.

§ 1er. Adjectifs qualificatifs.

31. Les adjectifs *qualificatifs* sont ceux que l'on ajoute au substantif pour en marquer la *qualité* bonne ou mauvaise, comme *bon* père, *bonne* mère, *beau* livre, *belle* image, etc.

Les adjectifs qualificatifs peuvent *qualifier* plus ou moins un substantif, c'est-à-dire lui attribuer une qualité à un degré plus ou moins grand. Ainsi, quand je dis : *un enfant sage*, la qualité de *sage* est moins attribuée à cet *enfant*, que quand je dis *enfant plus sage*, ou *enfant très-sage*.

Il y a trois degrés de qualification dans les adjectifs qualificatifs : on appelle le premier POSITIF, comme *sage* ; — le second COMPARATIF, comme *plus sage*, *moins sage*, *aussi sage* ; — le troisième

SUPERLATIF, comme *très-sage, bien sage, extrêmement sage, fort sage, le plus sage, le moins sage.*

Ainsi, quand un adjectif est précédé de *très, le plus, le moins, etc...* comme dans cet exemple : *un enfant très-sage, le plus sage, etc.*, on dit qu'il est au SUPERLATIF.

Quand il est précédé de *plus, moins, aussi*, comme dans cet exemple : *un enfant plus sage, moins sage, aussi sage,* on dit qu'il est au COMPARATIF.

Quand il n'est précédé d'aucun mot semblable, comme dans cet exemple : *un enfant sage,* on dit qu'il est au POSITIF.

REMARQUEZ que l'adjectif *bon* ne fait pas *plus bon* au comparatif, mais *meilleur*. Ainsi ne dites pas : *La poire est plus bonne que la pomme,* mais *meilleure* que la pomme. — Au lieu de *plus mauvais*, on peut dire à volonté *pire ;* et au lieu de *plus petit,* on peut dire *moindre*.

§ 2. Adjectifs numéraux.

32. Les adjectifs *numéraux* (d'un mot latin, *numerus,* nombre) sont ceux que l'on ajoute au substantif pour en marquer soit le *nombre,* comme *trois* soldats, *dix* chevaux, *vingt* tables, etc. ; soit l'*ordre* ou le *rang*, comme le *troisième* soldat, le *dixième* cheval, la *vingtième* table.

Dans le premier cas, on les appelle adjectifs numéraux *cardinaux ;* ce sont : *un, deux, trois, quatre, cinq, dix, vingt, trente, cent, etc...* et tous ceux, en un mot, qui marquent purement et simplement le *nombre*.

Dans le second cas, on les appelle adjectifs numéraux *ordinaux ;* ce sont : *premier, deuxième, troisième, dixième, vingtième, vingt-unième, centième, etc.*, et tous ceux, en un mot, qui marquent *l'ordre, le rang.*

§ 3. Adjectifs possessifs.

33. Les adjectifs *possessifs* sont ceux que l'on ajoute au substantif pour en marquer le *possesseur* ou maître, comme quand je dis : *mon* livre, *ta* maison, *son* chapeau, etc.

Ces adjectifs sont :

SINGULIER.

Pour le masc. : *Mon, ton, son, notre, votre, leur.*

Pour le féminin. : *Ma, ta, sa, notre, votre, leur.*

PLURIEL.

Pour les 2 genres : *Mes, tes, ses, nos, vos, leurs.*

REMARQUEZ que *mon, ton, son,* quoique du genre masculin, s'emploient au lieu de *ma, ta, sa,* devant les substantifs féminins commençant par une voyelle ou une *h* muette. Ainsi l'on dit : *mon* âme, *ton* humeur, *son* épée, pour *ma* âme, *ta* humeur, *sa* épée, dont la prononciation serait dure et désagréable.

§ 4. Adjectifs démonstratifs.

34. Les adjectifs *démonstratifs* sont ceux que l'on ajoute au substantif pour le *montrer* comme du doigt, comme quand je dis : *ce* livre, *cette* table, *ces* plumes, etc.

Ces adjectifs sont :

SINGULIER.

Pour le masc. : *Ce, cet.* — Pour le fém. : *Cette.*

PLURIEL.

Pour les deux genres : *Ces.*

REMARQUEZ 1° que *ce* et *cet* ne s'emploient pas indifféremment pour le masculin : on emploie *ce* devant les substantifs qui commencent par une *consonne* ou une *h* aspirée, comme *ce* cheval, *ce* *h*ameau ; et *cet* devant ceux qui commencent par une *voyelle* ou une *h* muette, comme *cet* oiseau, *cet* *h*omme.

REMARQUEZ 2° qu'il ne faut pas confondre *ces*, adjectif démonstratif, qui s'écrit par un *c*, avec *ses*, adjectif possessif, qui s'écrit par un *s* : on les distingue l'un de l'autre, en ce que *ses* peut se tourner par *de lui, d'elle*, ou *de soi*. Ex. : *Il ne devrait pas user de* CES *façons-là avec* SES *amis* : le premier *ces* s'écrit par un *c*, et le second par un *s*, parce qu'on peut tourner et dire : *Il ne devrait pas user de* CES *façons-là avec les amis* DE LUI.

§ 5. Adjectifs indéfinis.

35. Les adjectifs *indéfinis* sont ceux que l'on ajoute au substantif pour ne le désigner que d'une manière *indéfinie*, c'est-à-dire vague, générale, qui ne suffit pas ordinairement pour le faire connaître, comme quand je dis : *Quelques personnes* sont venues chez moi ; — *Plusieurs élèves* ont été punis, etc.

Ces adjectifs sont :

Chaque, nul, aucun ; — quelque, plusieurs, tout ; — tel, quel, quelconque, certain, même.

RÈGLE DES ADJECTIFS,

OU MANIÈRE DE JOINDRE UN ADJECTIF AVEC UN NOM.

Dieu saint.

36. RÈGLE. — Tout adjectif doit être du même genre et du même nombre que le nom auquel il se rapporte. *Ex.* :

Dieu SAINT ; — *la Vierge* SAINTE ; — *de* BEAUX *jardins* ; — *des fleurs* CHARMANTES.

Dans ces exemples, *saint* est au masculin et au singulier, parce qu'il se rapporte à *Dieu*, qui est du masculin et du singulier ; — *sainte* est au féminin et au singulier, parce qu'il se rapporte à *Vierge*, qui est du féminin et du singulier, etc.

CHAPITRE IV.

DU PRONOM.

37. Le *pronom* (1) est un mot qui tient la place d'un nom qui n'est pas exprimé, ou bien d'un nom dont on veut éviter la répétition.

Ainsi, quand quelqu'un dit : JE *travaille*, le mot *je* est un pronom tenant la place du nom de cette personne qui parle, lequel n'est pas exprimé. — Dans cet autre exemple : *Télémaque embrassait les genoux de Mentor; car* IL *n'osait* LE *regarder, ni même* LUI *parler*, les mots *il*, *le*, *lui*, sont des pronoms tenant la place des noms *Télémaque* et *Mentor*, dont on veut éviter la répétition. Sans le secours des pronoms, il aurait fallu dire : *Télémaque embrassait les genoux de Mentor ; car Télémaque n'osait regarder Mentor, ni même parler à Mentor.*

DIFFÉRENTES SORTES DE PRONOMS.

38. Il y a cinq sortes de pronoms : les pronoms *personnels*, les pronoms *possessifs*, les pronoms *démonstratifs*, les pronoms *indéfinis*, et les pronoms *relatifs*.

§ 1er. Pronoms personnels.

39. Les pronoms *personnels* sont ceux qui tien-

(1) *Pronom* (des mots latins *pro* et *nomen*), veut dire *à la place du nom.*

nent la place, soit du nom des personnes qui parlent, soit du nom des personnes à qui l'on parle, soit du nom des personnes ou des choses dont on parle.

Il y a donc, en grammaire, trois personnes : la première personne est celle qui parle, la seconde personne est celle à qui l'on parle, et la troisième personne est celle de qui l'on parle.

1. Les pronoms personnels qui tiennent la place du nom des personnes qui parlent, ou *les pronoms de la première personne*, sont :

SINGULIER.

Pour le masculin et le féminin : *Je, me, moi*.

PLURIEL.

Pour le masculin et le féminin : *Nous*.

2. Les pronoms personnels qui tiennent la place du nom des personnes à qui l'on parle, ou *les pronoms de la seconde personne*, sont :

SINGULIER.

Pour le masculin et le féminin : *Tu, te, toi*.

PLURIEL.

Pour le masculin et le féminin : *Vous*.

3. Les pronoms personnels qui tiennent la place du nom des personnes ou des choses de qui l'on parle, ou *les pronoms de la troisième personne*, sont :

SINGULIER.

Pour le masc. : *Il, lui*. — Pour le fém. : *Elle, lui*.

PLURIEL.

Pour le masc. : *Ils, eux*.—Pour le fém. : *Elles*.

A ces pronoms de la troisième personne, il faut ajouter :

1° *Le* pour le masc., *la* pour le fémin., et *les* pour

le pluriel des deux genres, qu'on emploie généralement au lieu de *lui*, *elle*, *eux*, *elles*. Ex. : Je vous ai promis un livre, je vous *le* donnerai, c'est-à-dire je vous donnerai *lui*;

2° *Leur*, qui est du pluriel et des deux genres, et qu'on emploie au lieu de *à eux*, *à elles*. Ex. : Je *leur* donnerai un livre, c'est-à-dire je donnerai *à eux*, etc.;

3° *Se*, *soi*, qui est des deux genres et des deux nombres, et qu'on emploie au lieu de *lui*, *elle*, *eux*, *elles*, *à lui*, *à elle*, *à eux*, *à elles*. Ex. : L'orgueilleux *se* loue, c'est-à-dire loue *lui*;

4° *En*, qui est des deux genres et des deux nombres, et qu'on emploie au lieu de *de lui*, *d'elle*, *d'eux*, *d'elles*, *de cela*. Ex. : J'ai vu votre maison, et j'*en* ai admiré la beauté, c'est-à-dire la beauté d'*elle*;

5° *Y*, qui est des deux genres et des deux nombres, et qu'on emploie au lieu de *à lui*, *à elle*, *à eux*, *à elles*, *à cela*, *etc*. Ex. : L'affaire est très-importante; j'*y* donnerai mes soins, c'est-à-dire je donnerai mes soins *à elle*.

REMARQUEZ 1° sur le pronom *le*, *la*, *les*, qu'il ne faut pas le confondre avec *le*, *la*, *les*, article. L'article est toujours suivi d'un nom, comme *le roi*, *la reine*, *le beau jardin*, *etc.*; le pronom est toujours joint à un verbe, comme je *le* regarde, je *la* blâme, etc.

REMARQUEZ 2° sur le pronom *leur*, qu'il ne faut pas le confondre avec *leur*, adjectif possessif. *Leur*, adjectif, est toujours suivi d'un nom et prend un *s* au pluriel, comme *leur* enfant, *leurs* grandes richesses; *leur*, pronom, est toujours joint à un verbe et ne prend jamais d'*s*, comme je *leur* donne, je *leur* offre, etc.

§ 2. Pronoms possessifs.

40. Les pronoms *possessifs* sont ceux qui tiennent la place du substantif, de manière à en faire connaître le *possesseur* ou maître, comme quand je dis : *Votre livre est beau, mais je préfère* LE MIEN (1).

Ces pronoms sont :

SINGULIER.

Pour le masculin : *Le mien, le tien, le sien, le nôtre, le vôtre, le leur.*

Pour le féminin : *La mienne, la tienne, la sienne, la nôtre, la vôtre, la leur.*

PLURIEL.

Pour le masculin : *Les miens, les tiens, les siens, les nôtres, les vôtres, les leurs.*

Pour le féminin : *Les miennes, les tiennes, les siennes, les nôtres, les vôtres, les leurs.*

Remarquez qu'il ne faut pas confondre *le nôtre, le vôtre, le leur,* pronoms possessifs, avec *notre, votre, leur,* adjectifs possessifs. L'adjectif possessif est toujours suivi d'un nom, et ne prend pas d'accent : *Votre père, notre maison;* le pronom possessif n'est jamais suivi d'un nom, et prend l'accent circonflexe : *Mon livre est plus beau que le vôtre.*

---

(1) Pour que l'élève distingue bien le pronom possessif de l'adjectif possessif, dont les deux définitions pourraient se confondre dans son esprit, on lui en fera bien remarquer la différence : on lui dira que ces deux espèces de mots ont ceci de commun, qu'ils marquent tous les deux *la possession,* mais que l'un, comme l'adjectif, *s'ajoute* au substantif, tandis que l'autre, comme pronom, *tient la place* du substantif. On lui fera la même remarque sur les pronoms *démonstratifs* et sur les pronoms *indéfinis.*

§ 3. Pronoms démonstratifs.

41. Les pronoms *démonstratifs* sont ceux qui tiennent la place du substantif, de manière à le *montrer* comme du doigt, comme quand je dis : *De ces deux philosophes,* CELUI-CI *riait toujours, et* CELUI-LA *pleurait sans cesse.*

Ces pronoms sont :

SINGULIER.

Pour le masc. : *Celui, celui-ci, celui-là.*
Pour le fém. : *Celle, celle-ci, celle-là.*

PLURIEL.

Pour le masc. : *Ceux, ceux-ci, ceux-là.*
Pour le fém. : *Celles, celles-ci, celles-là.*

A ces pronoms il faut ajouter *ce, ceci, cela,* qui sont toujours du masculin singulier.

REMARQUEZ qu'il ne faut pas confondre *ce* pronom démonstratif avec *ce* adjectif démonstratif : l'adjectif est toujours suivi d'un nom, comme *ce hameau,* ou *ce beau hameau;* le pronom n'en est jamais suivi. Il ne faut pas le confondre non plus avec *se,* pronom personnel, qui s'écrit par un *s :* ce dernier est toujours suivi d'un verbe, et peut se tourner par *soi, lui, eux,* etc. : *il* SE *flatte, ils* SE *louent.*

§ 4. Pronoms indéfinis.

42. Les pronoms *indéfinis* sont ceux qui tiennent la place du substantif, de manière à ne le désigner que d'une façon *indéfinie,* c'est-à-dire vague, générale, qui ne suffit pas ordinairement pour le faire connaître, comme quand je dis : ON *frappe à la porte;* QUELQU'UN *vous appelle;* PLUSIEURS *pensent que,* etc.

Ces pronoms sont :

On, quiconque, quelqu'un, chacun, autrui; —

l'un, l'autre, l'un et l'autre, l'un l'autre, personne; — aucun, nul, plusieurs, tel.

REMARQUEZ que les quatre derniers : *aucun, nul, plusieurs, tel,* sont *pronoms indéfinis* seulement quand ils ne sont suivis *d'aucun nom*, comme dans ces phrases : *Nul* n'est de mon avis; *Plusieurs* pensent que, etc.; s'ils sont suivis d'un nom, comme dans ces phrases : *Nul homme* n'est de mon avis, *Plusieurs hommes* pensent que, etc., ils sont *adjectifs indéfinis.*

§ 5. Pronoms relatifs.

43. Les pronoms *relatifs* sont ceux qui tiennent la place d'un substantif ordinairement placé *immédiatement* devant eux, de manière à avoir avec ce substantif un rapport, *une relation* très-intime : d'où leur vient le nom de *relatifs*.

Ainsi, quand je dis : *Dieu* QUI *a créé le monde; Le livre* QUE *je lis;* les mots QUI, QUE, sont des pronoms relatifs, parce qu'ils tiennent la place des mots *Dieu* et *livre,* placés immédiatement devant eux.

Les pronoms relatifs sont :

SINGULIER.

Pour le masc. : *Lequel, duquel, auquel.*
Pour le fém. : *Laquelle, de laquelle, à laquelle.*

PLURIEL.

Pour le masc. : *Lesquels, desquels, auxquels.*
Pour le fém. : *Lesquelles, desquelles, auxquelles.*

A ces pronoms, il faut ajouter :

1° *Qui,* des deux genres et des deux nombres, et qu'on emploie au lieu de *lequel, laquelle, lesquels, lesquelles;* Dieu *qui* règne, c'est-à-dire *lequel* règne; ma mère *qui* est malade, c'est-à-dire *laquelle* est malade;

2° *Que*, des deux genres et des deux nombres, et qu'on emploie aussi au lieu de *lequel, laquelle*, etc. : Le père et la mère *que* j'aime, c'est-à-dire *lesquels* j'aime;

3° *Dont*, des deux genres et des deux nombres, et qu'on emploie au lieu de *duquel, de laquelle, desquels*, etc. : Les livres *dont* je me sers, c'est-à-dire *desquels* je me sers;

4° *Quoi*, du masculin et du singulier, et qu'on emploie au lieu de *quelle chose, à quelle chose : Quoi* de plus beau que la vertu? c'est-à-dire *Quelle chose* plus belle que la vertu?

5° *Où*, des deux genres et des deux nombres, et qu'on emploie au lieu de *auquel, dans lequel*, etc. : L'état *où* je suis, les temps *où* nous vivons, c'est-à-dire dans *lequel* je suis, dans *lesquels* nous vivons.

REMARQUEZ 1° que le substantif auquel le pronom relatif se rapporte, prend le nom d'*antécédent*. Cet antécédent est quelquefois non pas un substantif, mais un pronom, comme dans ces phrases : *Celui qui* craint Dieu, *Ceux qui* méprisent les richesses, etc. (1).

REMARQUEZ 2° que les pronoms relatifs *qui*, *que*,

---

(1) Quelquefois un pronom relatif peut être précédé de deux substantifs, comme dans cette phrase : *Apaisons la* COLÈRE *de* DIEU, *dont nous devons craindre les effets;* et on peut être embarrassé pour savoir lequel des deux substantifs est l'antécédent. Or il y a un moyen facile de le distinguer : tournez toujours le pronom relatif par *lequel, laquelle, duquel, de laquelle*, etc., et faites-le suivre d'un des deux substantifs : celui avec lequel il formera un sens raisonnable, sera l'antécédent. Soit donc la phrase donnée plus haut; l'antécédent est *colère*, et non pas *Dieu*, parce qu'on peut dire : *Apaisons la colère de Dieu, de laquelle colère nous devons craindre les effets*, et qu'on ne peut pas dire : *Apaisons la colère de Dieu, duquel Dieu nous devons craindre les effets.*

etc., s'emploient aussi pour interroger, comme quand on dit : *Qui vous a appelé? Que faites-vous?* Alors ils s'appellent pronoms *interrogatifs*. On connaît qu'ils sont interrogatifs quand ils n'ont point d'*antécédent*, et qu'on peut les tourner par *quelle personne, quelle chose*. Ainsi, dans ces phrases : *Qui vous a appelé? Que faites-vous?* les pronoms *qui, que*, sont *interrogatifs*, parce qu'on peut dire : *Quelle personne* vous a appelé? *Quelle chose* faites-vous?

RÈGLE DES PRONOMS,

OU MANIÈRE DE FAIRE ACCORDER LES PRONOMS AVEC LES NOMS DONT ILS TIENNENT LA PLACE.

Pratiquez la vertu : elle rend heureux.

44. **Règle I.** — Les pronoms sont toujours du même genre et du même nombre que les substantifs dont ils tiennent la place. *Ex. : Pratiquez la vertu :* ELLE *rend heureux.—Ces livres sont* LES MIENS.

Dans ces exemples, le pronom *elle* est au féminin et au singulier, parce qu'il tient la place de *vertu*, qui est du féminin et du singulier; — le pronom *les miens* est au masculin et au pluriel, parce qu'il tient la place de *livres*, qui est du masculin et du pluriel.

Dieu qui règne.

45. **Règle II.** — Les pronoms relatifs sont du même genre, du même nombre, et de plus, de la même personne que leur *antécédent. Ex.* :

Dieu QUI *règne.* — *Qui* est de la 3e personne, et du masculin singulier, parce qu'il a pour antécédent *Dieu*, qui est de la 3e personne, et du masculin singulier.

Mon fils, toi QUI *aimes l'étude.* — *Qui* est de la 2e

personne, et du masculin singulier, parce qu'il a pour antécédent *toi*, qui est de la 2e personne, et du masculin singulier.

Nota. Tout antécédent est de la troisième personne, quand il n'est pas l'un de ces pronoms : *moi, toi, nous, vous.*

CHAPITRE V.

DU VERBE.

46. Le *verbe* est un mot qui sert à exprimer l'*état* ou l'*action* d'une personne ou d'une chose. Ainsi, quand je dis : *Cet homme* MARCHE, *il* CHANTE, etc. ; ces mots *marche, chante,* sont des verbes, parce qu'ils servent à exprimer l'action faite par l'homme dont il s'agit. — De même, quand je dis : *Je* SUIS *malade,* le mot *suis* est un verbe, parce qu'il sert à marquer l'état dans lequel je me trouve.

Il y a un moyen facile de reconnaître qu'un mot est un verbe : c'est de voir si l'on peut y joindre les pronoms *je, tu, il, nous, vous, ils.* Ainsi, le mot *lire* est un verbe, parce qu'on peut dire : *je lis, tu lis, il lit, etc.*

47. Il y a six choses à distinguer dans le verbe : le *nombre,* la *personne,* le *mode,* le *temps,* le *sujet* et le *complément.*

§ 1er. Nombres.

48. Le *nombre* est la propriété qu'ont les verbes de marquer, à l'aide de certains changements dans leurs terminaisons, si l'action dont il s'agit est faite par une ou plusieurs personnes, par une ou plusieurs choses : *Cet homme* chante, *ces hommes* chant*ent*.

§ 2. Personnes.

49. La *personne* est la propriété qu'ont les verbes

de marquer, à l'aide de certains changements dans leurs terminaisons, si l'action dont il s'agit est faite par la première personne, c'est-à-dire par celle qui parle; — ou par la seconde personne, c'est-à-dire par celle à qui l'on parle; — ou enfin par la troisième personne, c'est-à-dire par celle de qui l'on parle : *Nous* chant*ons*, *vous* chant*ez*, *ils* chant*ent*.

Remarquez que les pronoms *je*, *nous*, placés devant un verbe, marquent toujours la première personne; — *tu*, *vous*, marquent toujours la seconde; — *il*, *elle*, *ils*, *elles*, et *tout substantif*, marquent toujours la troisième.

§ 3. Modes.

50. Le *mode* (du mot latin *modus*, manière) est la propriété qu'ont les verbes de marquer, à l'aide de certains changements dans leurs terminaisons, *de quelle manière se fait l'action dont il s'agit*, c'est-à-dire si est faite purement et simplement, comme quand je dis : Je f*ais*, je fe*rai* telle chose; — ou si elle est soumise à quelque condition, comme quand je dis : Je fe*rais* telle chose si, etc.; — ou si elle est commandée, comme quand je dis : Fai*tes* telle chose, etc., etc.

Il y a six modes dans les verbes : l'*indicatif*, l'*impératif*, le *conditionnel*, le *subjonctif*, l'*infinitif*, et le *participe*.

L'*indicatif* indique que l'action se fait, s'est faite ou se fera purement et simplement, sans condition ni sans commandement, etc. *Ex.* : *Je lis*, *Je lirai*, *J'ai lu*.

Le *conditionnel* indique que l'action se ferait ou se serait faite moyennant telle ou telle condition. *Ex.*:

TU REMPLIRAIS *les devoirs, si tu étais raisonnable;* J'AURAIS LU, *si j'avais eu des livres.*

L'*impératif* indique que l'action est commandée, conseillée. *Ex. : Remplissez vos devoirs; Obéissez à vos parents.*

Le *subjonctif* indique que l'on souhaite ou bien que l'on doute que l'action se fasse : aussi, ce mode est toujours précédé d'un verbe qui exprime ou un souhait ou un doute. *Ex. : Je désire que vous* M'OBÉISSIEZ; *Je doute que vous* REMPLISSIEZ *vos devoirs.*

L'*infinitif* indique l'action d'une manière indéfinie, vague et générale, sans désignation de nombres ni de personnes, comme *voir, aimer, remplir.* Ex. : REMPLIR *ses devoirs est chose agréable.*

Le *participe,* comme l'infinitif, n'indique par luimême l'action que d'une manière vague et générale. *Ex. : Aimant, voyant, aimé, aimée, fait, faite, etc.*

REMARQUEZ que quatre de ces modes, l'*indicatif,* le *conditionnel,* l'*impératif* et le *subjonctif,* sont appelés *modes personnels,* parce qu'ils peuvent recevoir les différentes terminaisons qui distinguent les trois personnes. L'*infinitif* et le *participe,* au contraire, ne pouvant pas recevoir ces mêmes terminaisons, sont appelés *modes impersonnels.*

§ 4. Temps.

51. Le *temps* est la propriété qu'ont les verbes de marquer, à l'aide de certains changements dans leurs terminaisons, *à quel moment se fait l'action dont il s'agit,* c'est-à-dire si elle se fait actuellement, ou bien si déjà elle est faite, ou bien si elle est encore à faire.

Il y a trois temps dans les verbes : le *présent*, le *passé* et le *futur* : le *présent*, qui indique que l'action du verbe se fait présentement, comme *je lis*; — le *passé*, qui indique que l'action est faite, comme *j'ai lu*; — le *futur*, ou avenir, qui indique que l'action est à faire, comme *je lirai*.

Il ne devrait donc y avoir que trois temps. Mais comme une action peut s'être faite dans un temps *passé* plus ou moins éloigné, on distingue cinq sortes de *passés*, qui sont : l'*imparfait*, le *passé défini*, le *passé indéfini*, le *passé antérieur* et le *plus-que-parfait*. — De même, comme une action peut se faire dans un avenir plus ou moins prochain, on distingue deux sortes de futurs, qui sont : le *futur simple* et le *futur antérieur*; en sorte qu'il y a en tout huit temps : un *présent*, cinq *passés* et deux *futurs*.

Dans la Seconde Partie, au chapitre du verbe, nous ferons connaître la valeur de chacun de ces temps.

§ 5. Sujet.

52. Le *sujet* (1) est le nom que l'on donne, en grammaire, à la personne ou à la chose qui fait l'action, ou qui est dans l'état marqué par le verbe. Ainsi, quand je dis : *Cet enfant lit*; *cet enfant* est appelé le *sujet* du verbe, parce que c'est lui qui fait l'action de *lire* marquée par le verbe.

53. Il y a un moyen facile de trouver, dans une phrase, le sujet d'un verbe : c'est de mettre *immédiatement* devant ce verbe ces mots : *qui est-ce qui* ou *qu'est-ce qui?* Le mot qui répond à cette ques-

(1) On appelle encore le sujet, *nominatif*.

tion est toujours le sujet du verbe. Soit, par exemple, cette phrase : *L'enfant étudie*, dans laquelle je veux trouver le sujet. Je prends le verbe *étudie*, je mets immédiatement devant ce verbe, *qui est-ce qui?* et je dis : *Qui est-ce qui étudie?* Réponse : l'*enfant*; *l'enfant* est donc le sujet du verbe. Soit cette autre phrase : *Le lièvre court*. Prenez le verbe et dites : *Qui est-ce qui court?* Réponse : *le lièvre*; *le lièvre* est donc le sujet du verbe.

REMARQUEZ que tout verbe qui est à *un mode personnel*, doit nécessairement avoir un sujet.

§ 6. Complément.

54. Le *Complément*, qu'on appelle aussi *régime*, est le nom qu'on donne en grammaire à tout mot qui achève, qui *complète* le sens d'un autre mot. Ainsi, quand je dis, *le livre de Pierre, celui de mon frère*; — *utile à la patrie*; — *aimer l'étude* : *de Pierre* est le complément du substantif *livre*; *de mon frère* est le complément du pronom *celui*; *à la patrie* est le complément de l'adjectif *utile*; *l'étude* est le complément du verbe *aimer*, parce qu'en réalité ces mots complètent le sens commencé par les mots *livre*, *celui*, *utile*, *aimer*.

Nous ne nous occuperons ici que des compléments des verbes.

Il y a, dans les verbes, deux sortes de compléments : le complément *direct* et le complément *indirect*.

Le complément *direct* ou régime direct est celui qui complète le sens du verbe *directement*, c'est-à-dire sans le secours d'aucun mot.

Le complément *indirect*, au contraire, est celui qui complète le sens du verbe *indirectement*, c'est-à-dire avec le secours de quelques petits mots qu'on appelle prépositions, comme *à*, *de*, *pour*, *avec*, *par*, etc.

Ainsi, quand je dis : *J'aime Dieu*; *Dieu* est complément direct du verbe *aimer*, parce qu'il complète le sens de ce verbe, seul et sans le secours d'aucun mot. — Au contraire, quand je dis : *J'obéis à mon père*; *mon père* est complément indirect du verbe *obéir*, parce qu'il complète le sens de ce verbe, non pas seul, mais avec le secours du petit mot *à*.

55. Il y a un moyen facile de trouver, dans une phrase, soit le complément direct, soit le complément indirect d'un verbe.

1° Pour trouver le complément direct d'un verbe, on met *immédiatement* après ce verbe ces mots *qui* ou *quoi*: Le mot qui répond à cette question est le complément direct. Soit, par exemple, cette phrase déjà citée : *J'aime Dieu*, dans laquelle je veux trouver le complément direct. Je prends le verbe *j'aime*, je mets immédiatement après ce verbe le mot *qui*, et je dis : *J'aime qui?* Réponse : *Dieu*; *Dieu* est donc le complément direct du verbe.

2° Pour trouver le complément indirect, on met immédiatement après le verbe ces mots : *à qui* ou *à quoi*, *de qui* ou *de quoi*, *par qui* ou *par quoi*, etc. Soit, par exemple, la phrase déjà citée : *J'obéis à mon père*. Prenez le verbe, et dites : *J'obéis à qui?* Réponse : *à mon père*; *à mon père* est donc le complément indirect.

REMARQUEZ que les compléments ne sont pas nécessaires à un verbe, comme le sujet : un verbe peut ne pas avoir de complément, tandis qu'il ne peut point se passer de sujet. — De plus, les modes *impersonnels*, c'est-à-dire l'*infinitif* et le *participe*, qui ne peuvent point avoir de sujet, peuvent avoir des compléments, comme *aimer Dieu*, *aimant Dieu*.

DIFFÉRENTES SORTES DE VERBES.

56. Il y a cinq sortes de verbes : les verbes *actifs*, les verbes *passifs*, les verbes *pronominaux*, les verbes *impersonnels* et les verbes *neutres*.

Les verbes *actifs* sont ceux où le sujet *fait* l'action marquée par le verbe, comme quand je dis : *Je frappe.*

Les verbes *passifs* sont ceux où le sujet *reçoit* l'action marquée par le verbe, comme quand je dis : *Je suis frappé.*

Les verbes *réfléchis* ou *pronominaux* sont ceux où le sujet *fait* et *reçoit* tout à la fois l'action marquée par le verbe, comme quand je dis : *Je me frappe.*

Les verbes *impersonnels* sont ceux où il n'y a point de sujet, c'est-à-dire point de personne par qui soit faite l'action marquée par le verbe, comme quand je dis : *il faut, il importe, il pleut*, etc.

Les verbes *neutres* sont, comme les verbes actifs, des verbes où le sujet fait généralement l'action marquée par le verbe ; mais ils en diffèrent en ce qu'*ils ne peuvent jamais avoir de complément direct*, comme *je marche*, *vous dormez*.

REMARQUEZ, sur les verbes actifs et sur les verbes neutres, qu'il peut arriver qu'on les confonde ensemble. Or il y a un moyen facile de distinguer si un verbe est actif ou neutre. Un verbe est *actif* toutes les fois qu'on peut mettre après lui *quelqu'un* ou *quelque chose*, et un verbe est *neutre* toutes les fois qu'on ne peut mettre après lui *quelqu'un* ni *quelque chose.* Ainsi, *estimer, chanter,* sont des verbes actifs, parce qu'on peut dire : *estimer quelqu'un, chanter quelque chose.* Au contraire, *plaire* et *languir* sont des verbes neutres, parce qu'on ne peut pas dire *plaire quelqu'un, languir quelque chose.*

57. Réciter de suite les différents modes d'un verbe quelconque, avec tous leurs temps, leurs nombres, et leurs personnes, cela s'appelle *conjuguer.*

Mais les verbes se conjuguent différemment, selon qu'ils sont *actifs, passifs, pronominaux, neutres* ou *impersonnels.* Avant de faire connaître la manière de conjuguer ces différentes sortes de verbes, il est nécessaire de donner la conjugaison de deux verbes que l'on appelle verbes *auxiliaires* (du mot latin *auxilium*, aide, secours), parce qu'en effet ils aident à conjuguer tous les autres. Ces deux verbes sont le verbe *avoir* et le verbe *être.*

VERBE AVOIR.

NOTA. — Pour conjuguer en français, on prend chacun des six modes l'un après l'autre, et l'on récite tous les temps qu'il renferme.

Mode indicatif.

(Il a les huit temps.)

PRÉSENT.	IMPARFAIT.
J'ai.	*J'avais.*
Tu as.	*Tu avais.*
Il a.	*Il avait.*
Nous avons.	*Nous avions.*
Vous avez.	*Vous aviez.*
Ils ont.	*Ils avaient.*

PASSÉ DÉFINI.	PLUS-QUE-PARFAIT.
J'eus.	*J'avais eu.*
Tu eus.	*Tu avais eu.*
Il eut.	*Il avait eu.*
Nous eûmes.	*Nous avions eu.*
Vous eûtes.	*Vous aviez eu.*
Ils eurent.	*Ils avaient eu.*
PASSÉ INDÉFINI.	**FUTUR.**
J'ai eu.	*J'aurai.*
Tu as eu.	*Tu auras.*
Il a eu.	*Il aura.*
Nous avons eu.	*Nous aurons.*
Vous avez eu.	*Vous aurez.*
Ils ont eu.	*Ils auront.*
PASSÉ ANTÉRIEUR.	**FUTUR ANTÉRIEUR.**
J'eus eu.	*J'aurai eu.*
Tu eus eu.	*Tu auras eu.*
Il eut eu.	*Il aura eu.*
Nous eûmes eu.	*Nous aurons eu.*
Vous eûtes eu.	*Vous aurez eu.*
Ils eurent eu.	*Ils auront eu.*

Mode conditionnel.

(Il a deux temps.)

PRÉSENT.	PASSÉ.
J'aurais.	*J'aurais eu.*
Tu aurais.	*Tu aurais eu.*
Il aurait.	*Il aurait eu.*
Nous aurions.	*Nous aurions eu.*
Vous auriez.	*Vous auriez eu.*
Ils auraient.	*Ils auraient eu* (1).

(1) On dit aussi : *J'eusse eu, tu eusses eu, il eût eu, nous eussions eu, vous eussiez eu, ils eussent eu.*

Mode impératif.

(Il n'a qu'un temps.)

Point de 1re personne.	*Ayons.*
Aie.	*Ayez.*

Mode subjonctif.

(Il a quatre temps.)

PRÉSENT *ou* FUTUR.	PASSÉ.
Que j'aie.	*Que j'aie eu.*
Que tu aies.	*Que tu aies eu.*
Qu'il ait.	*Qu'il ait eu.*
Que nous ayons.	*Que nous ayons eu.*
Que vous ayez.	*Que vous ayez eu.*
Qu'ils aient.	*Qu'ils aient eu.*
IMPARFAIT.	**PLUS-QUE-PARFAIT.**
Que j'eusse.	*Que j'eusse eu.*
Que tu eusses.	*Que tu eusses eu.*
Qu'il eût.	*Qu'il eût eu.*
Que nous eussions.	*Que nous eussions eu.*
Que vous eussiez.	*Que vous eussiez eu.*
Qu'ils eussent.	*Qu'ils eussent eu.*

Mode infinitif.

(Il a deux temps.)

PRÉSENT.	PASSÉ.
Avoir.	*Avoir eu.*

Mode participe.

(Il a deux temps.)

PRÉSENT.	PASSÉ.
Ayant.	*Eu, ayant eu.*

VERBE ÊTRE.

Mode indicatif.

PRÉSENT.

Je suis.
Tu es.
Il est.
Nous sommes.
Vous êtes.
Ils sont.

IMPARFAIT.

J'étais.
Tu étais.
Il était.
Nous étions.
Vous étiez.
Ils étaient.

PASSÉ DÉFINI.

Je fus.
Tu fus.
Il fut.
Nous fûmes.
Vous fûtes.
Ils furent.

PASSÉ INDÉFINI.

J'ai été.
Tu as été.
Il a été.
Nous avons été.
Vous avez été.
Ils ont été.

PASSÉ ANTÉRIEUR.

J'eus été.
Tu eus été.
Il eut été.
Nous eûmes été.
Vous eûtes été.
Ils eurent été.

PLUS-QUE-PARFAIT.

J'avais été.
Tu avais été.
Il avait été.
Nous avions été.
Vous aviez été.
Ils avaient été.

FUTUR.

Je serai.
Tu seras.
Il sera.
Nous serons.
Vous serez.
Ils seront.

FUTUR ANTÉRIEUR.

J'aurai été.
Tu auras été.
Il aura été.
Nous aurons été.
Vous aurez été.
Ils auront été.

Mode conditionnel.

PRÉSENT.

Je serais.
Tu serais.
Il serait.

Nous serions.	*Tu aurais été.*
Vous seriez.	*Il aurait été.*
Ils seraient.	*Nous aurions été.*
PASSÉ.	*Vous auriez été.*
J'aurais été.	*Ils auraient été* (1).

Mode impératif.

Point de 1re personne.	*Soyons.*
Sois.	*Soyez.*

Mode subjonctif.

PRÉSENT *ou* FUTUR.	PASSÉ.
Que je sois.	*Que j'aie été.*
Que tu sois.	*Que tu aies été.*
Qu'il soit.	*Qu'il ait été.*
Que nous soyons.	*Que nous ayons été.*
Que vous soyez.	*Que vous ayez été.*
Qu'ils soient.	*Qu'ils aient été.*
IMPARFAIT.	PLUS-QUE-PARFAIT.
Que je fusse.	*Que j'eusse été.*
Que tu fusses.	*Que tu eusses été.*
Qu'il fût.	*Qu'il eût été.*
Que nous fussions.	*Que nous eussions été.*
Que vous fussiez.	*Que vous eussiez été.*
Qu'ils fussent.	*Qu'ils eussent été.*

Mode infinitif.

PRÉSENT.	PASSÉ.
Être.	*Avoir été.*

Mode participe.

PRÉSENT.	PASSÉ.
Étant.	*Été, ayant été.*

(1) On dit aussi : *J'eusse été, tu eusses été, il eût été, nous eussions été, vous eussiez été, ils eussent été.*

CONJUGAISON DES VERBES.

58. Les verbes se conjuguent différemment, comme nous l'avons déjà dit, selon qu'ils sont *actifs*, *passifs*, *pronominaux*, *neutres* ou *impersonnels*. De là, cinq sections de verbes que nous allons passer successivement en revue : Première section, *verbes actifs;* — seconde section, *verbes passifs;* — troisième section, *verbes pronominaux;* — quatrième section, *verbes neutres;* — cinquième section, *verbes impersonnels*.

I.

PREMIÈRE SECTION.

Verbes actifs.

59. Il y a quatre manières de conjuguer les verbes actifs, ou quatre conjugaisons, que l'on distingue entre elles par la terminaison de l'infinitif.

La première conjugaison a l'infinitif terminé en *er*, comme *aimer*.

La seconde a l'infinitif terminé en *ir*, comme *finir*.

La troisième a l'infinitif terminé en *oir*, comme *recevoir*.

La quatrième a l'infinitif terminé en *re*, comme *rendre*.

1re CONJUGAISON, EN *ER*.

Mode indicatif.

PRÉSENT.	IMPARFAIT.
J'aime.	*J'aimais.*
Tu aimes.	*Tu aimais.*
Il aime.	*Il aimait.*
Nous aimons.	*Nous aimions.*
Vous aimez.	*Vous aimiez.*
Ils aiment.	*Ils aimaient.*

PASSÉ DÉFINI.	PLUS-QUE-PARFAIT.
J'aimai.	*J'avais aimé.*
Tu aimas.	*Tu avais aimé.*
Il aima.	*Il avait aimé.*
Nous aimâmes.	*Nous avions aimé.*
Vous aimâtes.	*Vous aviez aimé.*
Ils aimèrent.	*Ils avaient aimé.*
PASSÉ INDÉFINI.	FUTUR.
J'ai aimé.	*J'aimerai.*
Tu as aimé.	*Tu aimeras.*
Il a aimé.	*Il aimera.*
Nous avons aimé.	*Nous aimerons.*
Vous avez aimé.	*Vous aimerez.*
Ils ont aimé.	*Ils aimeront.*
PASSÉ ANTÉRIEUR.	FUTUR ANTÉRIEUR.
J'eus aimé.	*J'aurai aimé.*
Tu eus aimé.	*Tu auras aimé.*
Il eut aimé.	*Il aura aimé.*
Nous eûmes aimé.	*Nous aurons aimé.*
Vous eûtes aimé.	*Vous aurez aimé.*
Ils eurent aimé.	*Ils auront aimé.*

Mode conditionnel.

PRÉSENT.	PASSÉ.
J'aimerais.	*J'aurais aimé.*
Tu aimerais.	*Tu aurais aimé.*
Il aimerait.	*Il aurait aimé.*
Nous aimerions.	*Nous aurions aimé.*
Vous aimeriez.	*Vous auriez aimé.*
Ils aimeraient.	*Ils auraient aimé* (1).

Mode impératif.

Point de 1re personne.	*Aimons.*
Aime.	*Aimez.*

(1) On dit aussi : *J'eusse aimé, tu eusses aimé, il eût aimé, nous eussions aimé, vous eussiez aimé, ils eussent aimé.*

Mode subjonctif.

PRÉSENT *ou* FUTUR.	PASSÉ.
Que j'aime.	*Que j'aie aimé.*
Que tu aimes.	*Que tu aies aimé.*
Qu'il aime.	*Qu'il ait aimé.*
Que nous aimions.	*Que nous ayons aimé.*
Que vous aimiez.	*Que vous ayez aimé.*
Qu'ils aiment.	*Qu'ils aient aimé.*
IMPARFAIT.	PLUS-QUE-PARFAIT.
Que j'aimasse.	*Que j'eusse aimé.*
Que tu aimasses.	*Que tu eusses aimé.*
Qu'il aimât.	*Qu'il eût aimé.*
Que nous aimassions.	*Que nous eussions aimé.*
Que vous aimassiez.	*Que vous eussiez aimé.*
Qu'ils aimassent.	*Qu'ils eussent aimé.*

Mode infinitif.

PRÉSENT.	PASSÉ.
Aimer.	*Avoir aimé.*

Mode participe.

PRÉSENT.	PASSÉ.
Aimant.	*Aimé, ayant aimé.*

CONJUGUEZ AINSI : *Adorer, chanter, donner, demander, éprouver, flatter, jouer, planter, porter, questionner, séparer, vanter, occuper, gagner, etc.*

NOTA. — On remarquera, une fois pour toutes, que dans le verbe qu'on vient de conjuguer et dans tous ceux qui vont suivre, on distingue deux parties : le *radical* et la *terminaison*. Le *radical* est cette première partie qui reste toujours la même à tous les temps; et la *terminaison* est cette seconde partie qui varie à chaque personne et à chaque temps: *J'aim e, tu aim es, il aim e, nous aim ons, vous aim ez, etc.*

2e CONJUGAISON, EN *IR*.

Mode indicatif.

PRÉSENT.

Je finis.
Tu finis.
Il finit.
Nous finissons.
Vous finissez.
Ils finissent.

IMPARFAIT.

Je finissais.
Tu finissais.
Il finissait.
Nous finissions.
Vous finissiez.
Ils finissaient.

PASSÉ DÉFINI.

Je finis.
Tu finis.
Il finit.
Nous finîmes.
Vous finîtes.
Ils finirent.

PASSÉ INDÉFINI.

J'ai fini.
Tu as fini.
Il a fini.
Nous avons fini.
Vous avez fini.
Ils ont fini.

PASSÉ ANTÉRIEUR.

J'eus fini.
Tu eus fini.
Il eut fini.
Nous eûmes fini.
Vous eûtes fini.
Ils eurent fini.

PLUS-QUE-PARFAIT.

J'avais fini.
Tu avais fini.
Il avait fini.
Nous avions fini.
Vous aviez fini.
Ils avaient fini.

FUTUR.

Je finirai.
Tu finiras.
Il finira.
Nous finirons.
Vous finirez.
Ils finiront.

FUTUR ANTÉRIEUR.

J'aurai fini.
Tu auras fini.
Il aura fini.
Nous aurons fini.
Vous aurez fini.
Ils auront fini.

Mode conditionnel.

PRÉSENT.	PASSÉ.
Je finirais.	*J'aurais fini.*
Tu finirais.	*Tu aurais fini.*
Il finirait.	*Il aurait fini.*
Nous finirions.	*Nous aurions fini.*
Vous finiriez.	*Vous auriez fini.*
Ils finiraient.	*Ils auraient fini* (1).

Mode impératif.

Point de 1re personne.	*Finissons.*
Finis.	*Finissez.*

Mode subjonctif.

PRÉSENT *ou* FUTUR.	PASSÉ.
Que je finisse.	*Que j'aie fini.*
Que tu finisses.	*Que tu aies fini.*
Qu'il finisse.	*Qu'il ait fini.*
Que nous finissions.	*Que nous ayons fini.*
Que vous finissiez.	*Que vous ayez fini.*
Qu'ils finissent.	*Qu'ils aient fini.*
IMPARFAIT.	**PLUS-QUE-PARFAIT.**
Que je finisse.	*Que j'eusse fini.*
Que tu finisses.	*Que tu eusses fini.*
Qu'il finît.	*Qu'il eût fini.*
Que nous finissions.	*Que nous eussions fini.*
Que vous finissiez.	*Que vous eussiez fini.*
Qu'ils finissent.	*Qu'ils eussent fini.*

Mode infinitif.

PRÉSENT.	PASSÉ.
Finir.	*Avoir fini.*

---

(1) On dit aussi : *J'eusse fini, tu eusses fini, il eût fini, nous eussions fini, vous eussiez fini, ils eussent fini.*

Mode participe.

PRÉSENT.	PASSÉ.
Finissant.	*Fini, ayant fini.*

CONJUGUEZ AINSI : *Avertir, embellir, ensevelir, guérir, nourrir, punir, remplir, ternir, unir, fournir, abolir, crépir, polir, vernir, brunir, etc.*

3e CONJUGAISON, EN *OIR*.

Mode indicatif.

PRÉSENT.	PASSÉ INDÉFINI.
Je reçois.	*J'ai reçu.*
Tu reçois.	*Tu as reçu.*
Il reçoit.	*Il a reçu.*
Nous recevons.	*Nous avons reçu.*
Vous recevez.	*Vous avez reçu.*
Ils reçoivent.	*Ils ont reçu.*
IMPARFAIT.	PASSÉ ANTÉRIEUR.
Je recevais.	*J'eus reçu.*
Tu recevais.	*Tu eus reçu.*
Il recevait.	*Il eut reçu.*
Nous recevions.	*Nous eûmes reçu.*
Vous receviez.	*Vous eûtes reçu.*
Ils recevaient.	*Ils eurent reçu.*
PASSÉ DÉFINI.	PLUS-QUE-PARFAIT.
Je reçus.	*J'avais reçu.*
Tu reçus.	*Tu avais reçu.*
Il reçut.	*Il avait reçu.*
Nous reçûmes.	*Nous avions reçu.*
Vous reçûtes.	*Vous aviez reçu.*
Ils reçurent.	*Ils avaient reçu.*

FUTUR.	FUTUR ANTÉRIEUR.
Je recevrai.	*J'aurai reçu.*
Tu recevras.	*Tu auras reçu.*
Il recevra.	*Il aura reçu.*
Nous recevrons.	*Nous aurons reçu.*
Vous recevrez.	*Vous aurez reçu.*
Ils recevront.	*Ils auront reçu.*

Mode conditionnel.

PRÉSENT.	PASSÉ.
Je recevrais.	*J'aurais reçu.*
Tu recevrais.	*Tu aurais reçu.*
Il recevrait.	*Il aurait reçu.*
Nous recevrions.	*Nous aurions reçu.*
Vous recevriez.	*Vous auriez reçu.*
Ils recevraient.	*Ils auraient reçu* (1).

Mode impératif.

Point de 1re personne.
Reçois.
Recevons.
Recevez.

Mode subjonctif.

PRÉSENT *ou* FUTUR.

Que je reçoive.
Que tu reçoives.
Qu'il reçoive.
Que nous recevions.
Que vous receviez.
Qu'ils reçoivent.

IMPARFAIT.

Que je reçusse.
Que tu reçusses.
Qu'il reçût.
Que nous reçussions.
Que vous reçussiez.
Qu'ils reçussent.

PASSÉ.

Que j'aie reçu.
Que tu aies reçu.
Qu'il ait reçu.

---

(1) On dit aussi : *J'eusse reçu, tu eusses reçu, il eût reçu, nous eussions reçu, vous eussiez reçu, ils eussent reçu.*

Que nous ayons reçu.	*Que tu eusses reçu.*
Que vous ayez reçu.	*Qu'il eût reçu.*
Qu'ils aient reçu.	*Que nous eussions reçu.*
PLUS-QUE-PARFAIT.	*Que vous eussiez reçu.*
Que j'eusse reçu.	*Qu'ils eussent reçu.*

Mode infinitif.

PRÉSENT.	PASSÉ.
Recevoir.	*Avoir reçu.*

Mode participe.

PRÉSENT.	PASSÉ.
Recevant.	*Reçu, ayant reçu.*

CONJUGUEZ AINSI : *Apercevoir, concevoir, devoir, percevoir, redevoir, etc.*

4e CONJUGAISON, EN *RE*.

Mode indicatif.

PRÉSENT.	PASSÉ DÉFINI.
Je rends.	*Je rendis.*
Tu rends.	*Tu rendis.*
Il rend.	*Il rendit.*
Nous rendons.	*Nous rendîmes.*
Vous rendez.	*Vous rendîtes.*
Ils rendent.	*Ils rendirent.*
IMPARFAIT.	PASSÉ INDÉFINI.
Je rendais.	*J'ai rendu.*
Tu rendais.	*Tu as rendu.*
Il rendait.	*Il a rendu.*
Nous rendions.	*Nous avons rendu.*
Vous rendiez.	*Vous avez rendu.*
Ils rendaient.	*Ils ont rendu.*

PASSÉ ANTÉRIEUR.	FUTUR.
J'eus rendu.	*Je rendrai.*
Tu eus rendu.	*Tu rendras.*
Il eut rendu.	*Il rendra.*
Nous eûmes rendu.	*Nous rendrons.*
Vous eûtes rendu.	*Vous rendrez.*
Ils eurent rendu.	*Ils rendront.*
PLUS-QUE-PARFAIT.	**FUTUR ANTÉRIEUR.**
J'avais rendu.	*J'aurai rendu.*
Tu avais rendu.	*Tu auras rendu.*
Il avait rendu.	*Il aura rendu.*
Nous avions rendu.	*Nous aurons rendu.*
Vous aviez rendu.	*Vous aurez rendu.*
Ils avaient rendu.	*Ils auront rendu.*

Mode conditionnel.

PRÉSENT.	PASSÉ.
Je rendrais.	*J'aurais rendu.*
Tu rendrais.	*Tu aurais rendu.*
Il rendrait.	*Il aurait rendu.*
Nous rendrions.	*Nous aurions rendu.*
Vous rendriez.	*Vous auriez rendu.*
Ils rendraient.	*Ils auraient rendu* (1).

Mode impératif.

Point de 1re personne.	*Rendons.*
Rends.	*Rendez.*

Mode subjonctif.

PRÉSENT *ou* **FUTUR.**	*Que tu rendes.*
Que je rende.	*Qu'il rende.*

---

(1) On dit aussi : *J'eusse rendu, tu eusses rendu, il eût rendu, nous eussions rendu, vous eussiez rendu, ils eussent rendu.*

Que nous rendions.
Que vous rendiez.
Qu'ils rendent.

IMPARFAIT.

Que je rendisse.
Que tu rendisses.
Qu'il rendît.
Que nous rendissions.
Que vous rendissiez.
Qu'ils rendissent.

PASSÉ.

Que j'aie rendu.
Que tu aies rendu.
Qu'il ait rendu.
Que nous ayons rendu.
Que vous ayez rendu.
Qu'ils aient rendu.

PLUS-QUE-PARFAIT.

Que j'eusse rendu.
Que tu eusses rendu.
Qu'il eût rendu.
Que nous eussions rendu.
Que vous eussiez rendu.
Qu'ils eussent rendu.

Mode infinitif.

PRÉSENT.

Rendre.

PASSÉ.

Avoir rendu.

Mode participe.

PRÉSENT.

Rendant.

PASSÉ.

Rendu, ayant rendu.

CONJUGUEZ ainsi : *Apprendre, attendre, défendre, entendre, fendre, fondre, perdre, répandre, suspendre, vendre, etc.*

Formation des Temps dans les Verbes actifs.

60. Il y a dans les verbes actifs *cinq temps* qui, au moyen de certains changements, servent à former tous les autres. On les appelle pour cette raison *temps primitifs* ; ce sont :

Le *présent de l'indicatif*, le *passé défini*, le *présent de l'infinitif*, le *participe présent* et le *participe passé*.

Tous les autres temps, sans exception, découlent ou dérivent de ces cinq temps, et s'appellent pour cette raison *temps dérivés :* de sorte que, lorsqu'un élève connaît bien les cinq temps primitifs d'un verbe, il lui est facile d'en connaître tous les autres temps, et de conjuguer tout le verbe.

Voici, en prenant les temps dans le même ordre que nous avons suivi pour conjuguer les verbes, la manière dont les temps dérivés se forment des temps primitifs :

Mode indicatif.

Le *présent*, comme temps primitif, ne se forme d'aucun autre. Cependant les trois personnes du pluriel se forment du participe présent, en changeant *ant* en *ons, ez, ent :* Aim *ant,* nous aim *ons,* vous aim*ez,* ils aim *ent.*

REMARQUEZ, sur les verbes de la troisième conjugaison, qu'à la troisième personne du pluriel, ils prennent toujours la double voyelle *oi, eu, etc.*, qui se trouve à la première personne du singulier. Ainsi, l'on dit : Recev *ant*, nous recev *ons,* vous recev *ez,* ils reçoiv *ent* (et non pas ils recev *ent*), parce qu'on dit à la première personne, je reç*ois.* — De même, *mouvoir,* participe présent mouv *ant*, fait : nous mouv *ons,* vous mouv *ez,* ils meuv *ent* (et non pas ils mouv *ent*), parce qu'on dit à la première personne, je *meus*.

L'*imparfait* se forme du participe présent, en changeant *ant* en *ais :* Aim *ant,* j'aim *ais ;* finiss *ant*, je finiss *ais.*

Le *passé défini,* comme temps primitif, ne se forme d'aucun autre.

Le *passé indéfini*, le *passé antérieur* et le *plus-*

que-parfait se forment du participe passé, auquel on ajoute un des temps de l'indicatif du verbe *avoir* : Passé indéfini : *J'ai aimé, j'ai fini* ; — passé antérieur : *J'eus aimé, j'eus fini* ; — plus-que-parfait : *J'avais aimé, j'avais fini.*

Le *futur* se forme du présent de l'infinitif, en ajoutant *ai* immédiatement après l'R qui se trouve toujours à l'infinitif : Aimer, j'aimer *ai* ; finir, je finir *ai* ; rendre, je rendr *ai.*

Remarquez, sur les verbes de la troisième conjugaison, qu'outre l'addition de *ai*, on retranche la double voyelle *oi*. Ainsi, *recevoir*, qui devrait faire je *recevoir ai*, fait, en retranchant *oi* : je *recevr ai*. De même, *apercevoir* fait j'*apercevr ai* ; *mouvoir* fait je *mouvr ai*.

Le *futur passé* se forme du participe passé, auquel on ajoute le futur simple du verbe *avoir* : *J'aurai aimé, j'aurai fini, etc.*

Mode conditionnel.

Le *présent* se forme, comme le futur, du présent de l'infinitif, en ajoutant *ais* au lieu de *ai* immédiatement après l'R final de l'infinitif : Aimer, j'aimer *ais* ; finir, je finir *ais*.

Remarquez, sur les verbes de la troisième conjugaison, qu'on retranche, comme au futur, la double voyelle *oi* : *recevoir*, je *recevrais*, et non pas je *recevoirais*.

Le *passé* se forme du participe passé, auquel on ajoute le conditionnel présent du verbe *avoir* : *J'aurais aimé, j'aurais fini, etc.*

Mode impératif.

L'impératif se forme du présent de l'indicatif, en

supprimant simplement les pronoms : *Tu aimes*, impératif *aime ; nous aimons*, impér. *aimons ; tu finis*, impér. *finis ; nous finissons*, imp. *finissons*.

Remarquez, sur les verbes de la première conjugaison, qu'on supprime de plus l'*s* qui est toujours à la seconde personne du présent de l'indicatif.

Mode subjonctif.

Le *présent* se forme du participe présent, en changeant *ant* en *e* : Aim *ant*, que j'aime ; finiss *ant*, que je finiss *e*, etc.

Remarquez, sur les verbes de la troisième conjugaison, qu'aux trois personnes du singulier, et à la troisième personne du pluriel, ils prennent toujours la double voyelle *oi, eu, etc.*, qui se trouve au présent de l'indicatif. Ainsi on ne dit pas : Recev *ant*, que je recev *e*, que tu recev *es*, *etc.* ; mais que je reç *oive*, que tu reç *oives*, qu'il reç *oive*, parce qu'on dit au présent de l'indicatif : je *reçois, tu reçois*. De même, on ne dit pas : mouv *ant*, que je mouv *e*, que tu mouv *es* ; mais que je *meuve*, que tu *meuves*, parce qu'on dit : je *meus*, tu *meus*.

L'*imparfait* se forme du passé défini, en ajoutant *se* à la seconde personne du singulier : Tu aimas, que j'aimas *se* ; tu finis, que je finis *se* ; tu reçus, que je reçus *se*.

Le *passé* et le *plus-que-parfait* se forment du participe passé, auquel on ajoute un des temps du subjonctif du verbe *avoir* : Que *j'aie aimé*, que *j'aie fini* ; que *j'eusse aimé*, que *j'eusse fini, etc.*

Mode infinitif.

Le *présent*, comme temps primitif, ne se forme d'aucun autre.

Le *passé* se forme du participe passé, auquel on ajoute le présent de l'infinitif du verbe *avoir : Avoir aimé, avoir fini, etc.*

Mode participe.

Le *présent* et le *passé*, comme temps primitifs, ne se forment d'aucun autre.

NOTA. — Remarquez que tous les temps dans lesquels il entre un des temps du verbe *avoir* ou du verbe *être*, s'appellent temps *composés*, parce qu'ils sont en effet composés de deux mots, comme *j'ai été, j'ai eu, j'aurais aimé*, etc. Les autres, par opposition, s'appellent temps *simples*, comme *j'aime*, que *j'aimasse, etc.*

Remarques sur les Verbes actifs.

61. Voici les remarques à faire sur les temps simples des verbes actifs, en suivant l'ordre dans lequel ils se trouvent :

A L'INDICATIF. — Le *présent* est terminé à la première personne par *e*, ou bien par *s* ou *x*. S'il se termine par *e*, j'*aime*, j'*ouvre*, on ajoute *s* à la seconde, et la troisième est semblable à la première. *Ex.* : J'aim *e*, tu aim *es*, il aim *e*. — S'il se termine par *s* ou *x* (1), *je finis*, *je peux*, la seconde personne est semblable à la première, et la troisième finit ordinairement par un *t*, ou bien par un *d*, mais dans quelques verbes seulement, comme nous le verrons dans le Supplément. *Ex.* : je fin *is*, tu fin *is*, il fin *it*; je peu *x*, tu peu *x*, il peu *t*, etc.

L'*imparfait* est toujours terminé par *ais, ais, ait* : j'aim *ais*, tu finiss *ais*, il rend *ait*, etc.

Le *passé défini* est toujours terminé par *ai*, *as*,

---

(1) Il se termine ordinairement par *x*, quand il est *au* ou *eu*.

a, dans les verbes de la première conjugaison : j'aim*ai*, tu aim*as;* il aim*a;* — et par *s, s, t*, dans tous les autres : je fini*s*, tu fini*s*, il fini*t;* je reçu*s*, tu reçu*s*, il reçu*t*, etc.

REMARQUEZ qu'à ce temps la première et la seconde personne du pluriel ont toujours un accent circonflexe : nous ai*mâmes*, vous ai*mâtes, etc.*

Le *futur* est toujours terminé par *rai, ras, ra :* j'aime*rai*, tu fini*ras*, il rend*ra*, etc.

REMARQUEZ qu'à ce temps la terminaison *rai, ras, ra*, n'est précédée d'un *e* muet, et ne devient *erai*, *eras, era*, comme j'aim*erai*, tu frapp*eras*, que dans les verbes de la première conjugaison. Ecrivez donc j'aim *erai*, je pli*erai*, je remerci*erai ;* mais n'écrivez pas : je rend*erai*, je batt*erai;* il faut, je rend*rai*, je batt*rai*. La raison de cette différence est bien simple : le futur, avons-nous dit, se forme en ajoutant *ai* immédiatement après l'R final de l'infinitif; or, dans la première conjugaison seulement, l'R final de l'infinitif se trouve précédé d'un *e;* il est donc naturel que cet *e* se retrouve, au futur, dans les verbes de la première conjugaison, et qu'il ne se trouve pas dans les autres.

AU CONDITIONNEL. — Le *présent* est toujours terminé par *rais, rais, rait :* j'aime*rais*, tu fini*rais*, il rend*rait*, etc.

REMARQUEZ qu'à ce temps la terminaison *rais*, *rais, rait*, n'est précédée d'un *e* muet, et ne devient *erais, erais, erait*, que dans les verbes de la première conjugaison; la raison en est la même qu'au futur. Ecrivez donc : j'aim *erais*, je pri*erais ;* mais n'écrivez pas : je rend *erais*, je batt *erais;* il faut, je ren*drais*, je batt *rais*.

À L'IMPÉRATIF. — Ce mode est toujours terminé comme le présent de l'indicatif sans aucun changement : aim*e*, fin*is*, reç*ois*, rend*s* (1).

REMARQUEZ cependant que les verbes de la première conjugaison retranchent à l'impératif, comme nous l'avons déjà dit, l'*s* qu'ils ont à la seconde personne du présent de l'indicatif : aim*e*, et non pas aim*es* ; ils ne conservent l'*s* que quand ils sont suivis des pronoms *en*, *y*. Ainsi, l'on écrit : Donn*es*-en, apport*es*-en, et non pas donn*e*-en, apport*e*-en ; on écrit de même *vas-y*.

AU SUBJONCTIF. — Le *présent* est toujours terminé par *e*, *es*, *e* : que j'aim*e*, que tu finiss*es*, qu'il rend*e*, etc. Cependant le verbe ÊTRE fait que je *sois*, que tu *sois*, qu'il *soit*, et le verbe AVOIR, qu'il *ait*.

L'*imparfait* est toujours terminé par *sse*, *sses*, *t* : que j'aima*sse*, que tu aima*sses*, qu'il aimâ*t* ; que je fini*sse*, que tu fini*sses*, qu'il finî*t*, etc.

REMARQUEZ qu'à ce temps la troisième personne du singulier a toujours un accent circonflexe : qu'il aim*ât*, qu'il reç*ût*. De plus, on est souvent embarrassé pour écrire correctement cette troisième personne, parce qu'on la confond avec la troisième du passé défini. Or, un moyen facile de distinguer l'une de l'autre, c'est de donner au verbe un sujet pluriel. Soit cet exemple : *Il réclama votre appui* ; je mets *réclama* au passé défini, parce que si l'on met *ils* au pluriel, on a : *ils réclamèrent votre appui*, qui est le passé défini. — Soit cet autre exemple : *Je voudrais qu'il réclamât votre appui* ; je mets *réclamât*

---

(1) Excepté pourtant les quatre verbes *avoir*, *être*, *aller*, *savoir*, qui font : *aie*, *sois*, *va*, *sache*.

à l'imparfait du subjonctif, parce que si l'on met *ils* au pluriel, on a : je voudrais qu'ils *réclamassent*, qui est évidemment l'imparfait du subjonctif.

AU PARTICIPE. — Le *présent* est toujours terminé par *ant :* aim*ant*, finiss*ant*, rend*ant,* etc.

Le *passé* est terminé différemment selon les verbes: c'est tantôt par *é*, tantôt par *i*, tantôt par *u*, tantôt par *t*, etc. : aim*é*, fin*i*, reç*u*, promi*s*, instrui*t*, etc.

REMARQUEZ 1° qu'on est souvent embarrassé sur la manière de terminer le participe passé au masculin singulier : ainsi, on ne sait pas s'il faut écrire *reçu* ou *reçut, fini* ou *finis, etc.* Or, il y a un moyen facile de s'y reconnaître : c'est de voir comment fait le participe passé au féminin singulier ; de ce féminin retranchez l'*e* muet, et vous aurez le participe passé masculin. Ainsi, *reçu* finira par *u* simplement, parce qu'on dit au féminin *reçue* et non pas *reçute ; instruit* finira par un *t*, parce qu'on dit au féminin *instruite; promis* finira par un *s*, parce qu'on dit au féminin *promise* (1).

REMARQUEZ 2° sur tous les temps que nous venons de voir, qu'il y en a six qui sont toujours terminés de la même manière dans tous les verbes ; ce sont l'*imparfait* de l'indicatif AIS, le *futur* RAI, le *présent* du conditionnel RAIS, le *présent* du subjonctif E, l'*imparfait* du subjonctif SSE, et le *présent* du participe ANT.

---

(1) *Absoudre* et *dissoudre* font pourtant *absous* et *dissous* avec un *s*, quoique le féminin soit *absoute, dissoute.*

RÈGLE DES VERBES,

OU MANIÈRE DE FAIRE ACCORDER LES VERBES AVEC LEUR SUJET.

Je parle.

62. RÈGLE. — Tout verbe doit être du même nombre et de la même personne que son sujet. *Ex.* :

Je parle : *parle* est du nombre singulier et de la première personne, parce que *je*, son sujet, est du singulier et de la première personne. *L'enfant dort* : *dort* est au singulier et à la troisième personne, parce que *enfant*, son sujet, est du singulier et de la troisième personne.

REMARQUEZ 1° que lorsqu'un verbe a deux sujets singuliers, on met ce verbe au pluriel, parce que deux singuliers valent un pluriel. *Ex.* : *Pierre et Paul* JOUENT.

REMARQUEZ 2° que si les deux sujets sont de différentes personnes, on met le verbe à la plus noble personne : la première est plus noble que la seconde, la seconde est plus noble que la troisième. *Ex.* : Vous *et* MOI *nous nous* PORTONS BIEN.

REMARQUEZ 3° que la politesse française veut qu'on nomme d'abord la personne à qui l'on parle, et qu'on se nomme le dernier : *vous et moi*, *vous et votre frère*, et non pas *moi et vous*, *votre frère et vous*. Par politesse aussi, on dit *vous* au lieu de *tu* au singulier ; par exemple, en parlant à un enfant on dit : Vous ÊTES *bien aimable*, au lieu de *tu es bien aimable*.

NOTA. — La règle que nous venons de donner, avec les remarques qui l'accompagnent, regarde également tous les autres verbes, verbes passifs, verbes pronominaux, etc.

II.

DEUXIÈME SECTION.

Verbes passifs.

63. Les verbes *passifs* sont ceux où le sujet reçoit l'action marquée par le verbe, comme quand je dis : *Je suis frappé par quelqu'un ; je suis aimé de Dieu.*

Les verbes passifs se forment tous de verbes actifs, en prenant le participe passé auquel on joint le verbe *être*. Ainsi, *aimer* fait au passif *être aimé ; finir, être fini, etc.*

La manière de conjuguer les verbes passifs est extrêmement facile : il suffit d'ajouter au verbe *être*, dans tous ses temps, le participe passé du verbe actif qu'on veut conjuguer passivement.

Voici un modèle de la conjugaison des verbes passifs :

Mode indicatif.

PRÉSENT.

Je suis aimé.
Tu es aimé.
Il est aimé.
Nous sommes aimés.
Vous êtes aimés.
Ils sont aimés.

IMPARFAIT.

J'étais aimé.
Tu étais aimé.
Il était aimé.
Nous étions aimés.
Vous étiez aimés.
Ils étaient aimés.

PASSÉ DÉFINI.

Je fus aimé.
Tu fus aimé.
Il fut aimé.
Nous fûmes aimés.
Vous fûtes aimés.
Ils furent aimés.

PASSÉ INDÉFINI.

J'ai été aimé.
Tu as été aimé.
Il a été aimé.
Nous avons été aimés.
Vous avez été aimés.
Ils ont été aimés.

PASSÉ ANTÉRIEUR.	FUTUR.
J'eus été aimé.	*Je serai aimé.*
Tu eus été aimé.	*Tu seras aimé.*
Il eut été aimé.	*Il sera aimé.*
Nous eûmes été aimés.	*Nous serons aimés.*
Vous eûtes été aimés.	*Vous serez aimés.*
Ils eurent été aimés.	*Ils seront aimés.*

PLUS-QUE-PARFAIT.	FUTUR ANTÉRIEUR.
J'avais été aimé.	*J'aurai été aimé.*
Tu avais été aimé.	*Tu auras été aimé.*
Il avait été aimé.	*Il aura été aimé.*
Nous avions été aimés.	*Nous aurons été aimés.*
Vous aviez été aimés.	*Vous aurez été aimés.*
Ils avaient été aimés.	*Ils auront été aimés.*

Mode conditionnel.

PRÉSENT.	PASSÉ.
Je serais aimé.	*J'aurais été aimé.*
Tu serais aimé.	*Tu aurais été aimé.*
Il serait aimé.	*Il aurait été aimé.*
Nous serions aimés.	*Nous aurions été aimés.*
Vous seriez aimés.	*Vous auriez été aimés.*
Ils seraient aimés.	*Ils auraient été aimés* (1).

Mode impératif.

Point de 1re personne.	*Soyons aimés.*
Sois aimé.	*Soyez aimés.*

Mode subjonctif.

PRÉSENT *ou* FUTUR.	
	Qu'il soit aimé.
	Que nous soyons aimés.
Que je sois aimé.	*Que vous soyez aimés.*
Que tu sois aimé.	*Qu'ils soient aimés.*

(1) On dit aussi : *J'eusse été aimé, tu eusses été aimé, il eût été aimé, nous eussions été aimés, vous eussiez été aimés, ils eussent été aimés.*

IMPARFAIT.

Que je fusse aimé.
Que tu fusses aimé.
Qu'il fût aimé.
Que nous fussions aimés.
Que vous fussiez aimés.
Qu'ils fussent aimés.

PASSÉ.

Que j'aie été aimé.
Que tu aies été aimé.
Qu'il ait été aimé.
Que nous ayons été aimés.
Que vous ayez été aimés.
Qu'ils aient été aimés.

PLUS-QUE-PARFAIT.

Que j'eusse été aimé.
Que tu eusses été aimé.
Qu'il eût été aimé.
Que nous eussions été aimés
Que vous eussiez été aimés.
Qu'ils eussent été aimés.

Mode infinitif.

PRÉSENT.

Être aimé.

PASSÉ.

Avoir été aimé.

Mode participe.

PRÉSENT.

Étant aimé.

PASSÉ.

Aimé, ayant été aimé.

CONJUGUEZ AINSI : *Être fini, être reçu, être rendu, être loué, être flatté, être pris, être conduit, être béni, être perdu, etc.*

III.

TROISIÈME SECTION.

Verbes pronominaux.

64. Les verbes *pronominaux* ou *réfléchis* sont ceux où le sujet fait et reçoit tout à la fois l'action marquée par le verbe, comme quand je dis : *je me frappe, je m'aime, etc.*

Les verbes pronominaux se forment pour la plupart de verbes actifs ou de verbes neutres (1), en

---

(1) Nous disons *pour la plupart*, parce qu'il y a des verbes pronominaux qui ne sont formés ni de verbes actifs ni de

ajoutant simplement à ceux-ci les pronoms *me, te, se, nous, vous, se*. Ainsi du verbe actif *frapper* on forme le verbe pronominal *se frapper*, et l'on dit : *Je me frappe, tu te frappes, il se frappe*, etc. Ils ont donc ceci de remarquable, qu'ils prennent dans tous leurs temps deux pronoms, et que ces deux pronoms sont de la même personne. Le premier sert de sujet, le second de complément.

La manière de conjuguer les verbes pronominaux est facile : ceux qui sont terminés en *er*, comme *se promener*, se conjuguent sur *aimer*; ceux en *ir*, comme *se réunir*, se conjuguent sur *finir*, etc., etc. La seule différence, c'est que dans les temps composés on remplace l'auxiliaire *avoir* par l'auxiliaire *être*. Ainsi, dans *se tromper*, on ne dira pas au passé indéfini *je m'ai trompé*, mais *je me suis trompé*; au plus-que-parfait, *je m'avais trompé*, mais *je m'étais trompé*, etc. C'est sans doute pour avoir quelque chose de moins dur dans la prononciation, qu'on a ainsi substitué le verbe *être* au verbe *avoir*.

Voici un modèle de la conjugaison des verbes pronominaux :

Mode indicatif.

PRÉSENT.	
Je me flatte.	*Nous nous flattons.*
Tu te flattes.	*Vous vous flattez.*
Il se flatte.	*Ils se flattent.*

---

verbes neutres, comme *se repentir, s'abstenir, s'en aller*. En effet, on ne dit pas *je repens, j'abstiens, j'en vais*, comme on dit : *je flatte, je frappe, j'aime*. Ces verbes sont appelés *essentiellement* pronominaux.

IMPARFAIT.

Je me flattais.
Tu te flattais.
Il se flattait.
Nous nous flattions.
Vous vous flattiez.
Ils se flattaient.

PASSÉ DÉFINI.

Je me flattai.
Tu te flattas.
Il se flatta.
Nous nous flattâmes.
Vous vous flattâtes.
Ils se flattèrent.

PASSÉ INDÉFINI.

Je me suis flatté.
Tu t'es flatté.
Il s'est flatté.
Nous nous sommes flattés.
Vous vous êtes flattés.
Ils se sont flattés.

PASSÉ ANTÉRIEUR.

Je me fus flatté.
Tu te fus flatté.
Il se fut flatté.
Nous nous fûmes flattés.
Vous vous fûtes flattés.
Ils se furent flattés.

PLUS-QUE-PARFAIT.

Je m'étais flatté.
Tu t'étais flatté.
Il s'était flatté.
Nous nous étions flattés.
Vous vous étiez flattés.
Ils s'étaient flattés.

FUTUR.

Je me flatterai.
Tu te flatteras.
Il se flattera.
Nous nous flatterons.
Vous vous flatterez.
Ils se flatteront.

FUTUR ANTÉRIEUR.

Je me serai flatté.
Tu te seras flatté.
Il se sera flatté.
Nous nous serons flattés.
Vous vous serez flattés.
Ils se seront flattés.

Mode conditionnel.

PRÉSENT.

Je me flatterais.
Tu te flatterais.
Il se flatterait.
Nous nous flatterions.
Vous vous flatteriez.
Ils se flatteraient.

PASSÉ.

Je me serais flatté.
Tu te serais flatté.
Il se serait flatté.
Nous nous serions flattés.
Vous vous seriez flattés.
Ils se seraient flattés (1).

(1) On dit aussi : *Je me fusse flatté, tu te fusses flatté, il se*

Mode impératif.

Point de 1re personne.	*Flattons-nous.*
Flatte-toi.	*Flattez-vous.*

Mode subjonctif.

PRÉSENT *ou* FUTUR.	PASSÉ.
Que je me flatte.	*Que je me sois flatté.*
Que tu te flattes.	*Que tu te sois flatté.*
Qu'il se flatte.	*Qu'il se soit flatté.*
Que nous nous flattions.	*Que nous nous soyons flattés*
Que vous vous flattiez.	*Que vous vous soyez flattés.*
Qu'ils se flattent.	*Qu'ils se soient flattés.*
IMPARFAIT.	**PLUS-QUE-PARFAIT.**
Que je me flattasse.	*Que je me fusse flatté.*
Que tu te flattasses.	*Que tu te fusses flatté.*
Qu'il se flattât.	*Qu'il se fût flatté.*
Que nous nous flattassions	*Que nous nous fussions flattés*
Que vous vous flattassiez.	*Que vous vous fussiez flattés*
Qu'ils se flattassent.	*Qu'ils se fussent flattés.*

Mode infinitif.

PRÉSENT.	PASSÉ.
Se flatter.	*S'être flatté.*

Mode participe.

PRÉSENT.	PASSÉ.
Se flattant.	*S'étant flatté.*

CONJUGUEZ AINSI : *Se louer, se plaindre, s'estimer, se repentir, s'apercevoir, se vanter, se taire, se réjouir, se conduire, se battre, se blâmer, etc.*

---

fût flatté, nous nous fussions flattés, vous vous fussiez flattés, ils se fussent flattés.

REMARQUEZ qu'on est convenu de donner le nom de *verbes pronominaux* à tous les verbes qui sont conjugués avec deux pronoms de la même personne, sans considérer si le sujet *fait* et *reçoit* sur lui-même l'action marquée par le verbe ; mais ces sortes de verbes sont des verbes pronominaux improprement dits. Quand je dis, en parlant d'un orgueilleux :

Il se loue : IL SE LOUE est un verbe pronominal proprement dit, parce que c'est *l'orgueilleux* qui se loue lui-même, c'est-à-dire qui *fait* et *reçoit* sur lui-même l'action marquée par le verbe.

Mais quand je dis, en parlant *d'un mot :*

Il se trouve dans Phèdre : IL SE TROUVE n'est qu'un verbe pronominal improprement dit, parce que le sujet *ne fait ni ne reçoit sur lui-même* l'action marquée par le verbe, attendu que le *mot* ne peut *se trouver lui-même*, et qu'on ne peut pas dire d'un mot qu'IL TROUVE. C'est comme s'il y avait : *Ce mot est trouvé dans Phèdre.*

De même, quand je dis, en parlant de quelqu'un : *il ne s'ébranle pas de vos menaces,* c'est encore un verbe pronominal improprement dit, car c'est comme s'il y avait : *il n'est pas ébranlé.*

Je me tais, tu te tais, etc. ; je me doute, tu te doutes, etc. ; je me lamente, tu te lamentes, etc., etc., sont de même des verbes pronominaux improprement dits, comme il est facile de s'en rendre compte.

IV.

QUATRIÈME SECTION.

Verbes neutres.

65. Les verbes neutres sont, comme les verbes actifs, des verbes où le sujet fait généralement l'action marquée par le verbe ; mais ils en diffèrent,

en ce qu'ils ne peuvent jamais avoir de complément direct.

Comme nous l'avons déjà dit, on reconnait qu'un verbe est neutre toutes les fois qu'on ne peut mettre immédiatement après lui *quelqu'un*, ni *quelque chose*. Ainsi, *languir*, *dormir*, sont des verbes neutres, parce qu'on ne peut pas dire *languir quelqu'un*, *dormir quelque chose*, etc.

La manière de conjuguer les verbes neutres est facile. Ceux qui sont terminés en *er*, comme *tomber*, se conjuguent sur *aimer;* ceux en *ir*, comme *dormir*, se conjuguent sur *finir*, etc., etc. La seule différence, c'est que dans leurs temps composés, *quelques-uns* de ces verbes remplacent l'auxiliaire *avoir* des verbes actifs par l'auxiliaire *être*. Ainsi, dans *tomber*, on ne dira pas au passé indéfini *j'ai tombé*, mais *je suis tombé*; au plus-que-parfait, *j'avais tombé*, mais *j'étais tombé*, etc. Nous ferons connaître dans la Seconde Partie quels sont ceux des verbes neutres qui prennent ainsi l'auxiliaire *être* au lieu de l'auxiliaire *avoir*.

Voici un modèle de conjugaison des verbes neutres :

Mode indicatif.

PRÉSENT.

Je tombe.
Tu tombes.
Il tombe.
Nous tombons.
Vous tombez.
Ils tombent.

IMPARFAIT.

Je tombais.
Tu tombais.
Il tombait.
Nous tombions.
Vous tombiez.
Ils tombaient.

PASSÉ DÉFINI.

Je tombai.
Tu tombas.
Il tomba.
Nous tombâmes.
Vous tombâtes.
Ils tombèrent.

PASSÉ INDÉFINI.

Je suis tombé.
Tu es tombé.
Il est tombé.
Nous sommes tombés.
Vous êtes tombés.
Ils sont tombés.

PASSÉ ANTÉRIEUR.

Je fus tombé.
Tu fus tombé.
Il fut tombé.
Nous fûmes tombés.
Vous fûtes tombés.
Ils furent tombés.

PLUS-QUE-PARFAIT.

J'étais tombé.
Tu étais tombé.
Il était tombé.
Nous étions tombés.
Vous étiez tombés.
Ils étaient tombés.

FUTUR.

Je tomberai.
Tu tomberas.
Il tombera.
Nous tomberons.
Vous tomberez.
Ils tomberont.

FUTUR ANTÉRIEUR.

Je serai tombé.
Tu seras tombé.
Il sera tombé.
Nous serons tombés.
Vous serez tombés.
Ils seront tombés.

Mode conditionnel.

PRÉSENT.

Je tomberais.
Tu tomberais.
Il tomberait.
Nous tomberions.
Vous tomberiez.
Ils tomberaient.

PASSÉ.

Je serais tombé.
Tu serais tombé.
Il serait tombé.
Nous serions tombés.
Vous seriez tombés.
Ils seraient tombés (1).

Mode impératif.

Point de 1re personne.
Tombe.
Tombons.
Tombez.

(1) On dit aussi : *Je fusse tombé, tu fusses tombé, il fût tombé, nous fussions tombés, vous fussiez tombés, ils fussent tombés.*

Mode subjonctif.

PRÉSENT *ou* FUTUR.	PASSÉ.
Que je tombe.	*Que je sois tombé.*
Que tu tombes.	*Que tu sois tombé.*
Qu'il tombe.	*Qu'il soit tombé.*
Que nous tombions.	*Que nous soyons tombés.*
Que vous tombiez.	*Que vous soyez tombés.*
Qu'ils tombent.	*Qu'ils soient tombés.*
IMPARFAIT.	PLUS-QUE-PARFAIT.
Que je tombasse.	*Que je fusse tombé.*
Que tu tombasses.	*Que tu fusses tombé.*
Qu'il tombât.	*Qu'il fût tombé.*
Que nous tombassions.	*Que nous fussions tombés.*
Que vous tombassiez.	*Que vous fussiez tombés.*
Qu'ils tombassent.	*Qu'ils fussent tombés.*

Mode infinitif.

PRÉSENT.	PASSÉ.
Tomber.	*Être tombé.*

Mode participe.

PRÉSENT.	PASSÉ.
Tombant.	*Tombé, étant tombé.*

CONJUGUEZ AINSI : *Arriver, sortir, partir, entrer, rester, descendre, monter, passer, retomber, etc.*

REMARQUEZ, sur les verbes neutres, que quelques-uns sont à la fois *neutres* et *actifs* : ils sont *neutres*, quand ils n'ont pas de régime direct ; *actifs*, quand ils en ont un. Ainsi, *parler* est verbe *neutre* dans cette phrase : JE PARLE *à mon père de mes progrès ;* — il est verbe *actif* dans celle-ci : *c'est un homme qui* PARLE *bien sa langue.*

V.

CINQUIÈME SECTION.

Verbes impersonnels.

66. Les verbes impersonnels sont ceux où il n'y a point de sujet, c'est-à-dire point de personne par qui soit faite l'action marquée par le verbe, comme quand je dis : *il faut, il importe, il pleut, etc.*

On reconnaît qu'un verbe est impersonnel, toutes les fois que le mot *il* dont il est précédé ne tient la place d'aucun nom. Ainsi, lorsqu'en parlant d'un enfant, on dit : *il joue ;* ce n'est pas un verbe impersonnel, parce qu'à la place du mot *il*, on peut mettre *enfant*, et dire : *l'enfant joue.* Mais si l'on dit : *il faut, il importe*, ce sont des verbes impersonnels, parce qu'il est impossible de remplacer *il* par quelque substantif. *Il*, alors, n'est pas un véritable pronom : c'est un de ces mots qui reposent sur l'usage, et dont la grammaire ne peut rendre compte.

La manière de conjuguer les verbes impersonnels est facile : ceux qui sont terminés en *er*, comme *tonner*, se conjuguent sur *aimer ;* ceux en *oir*, comme *pleuvoir*, sur *recevoir*, *etc.*, *etc.* La seule différence, c'est que ces verbes ne s'emploient dans tous leurs temps qu'à la troisième personne du singulier, et qu'un grand nombre se conjuguent avec l'auxiliaire ÊTRE.

Voici un modèle de conjugaison des verbes impersonnels :

Mode indicatif.

PRÉSENT.	IMPARFAIT.
Il tonne.	*Il tonnait.*

PASSÉ DÉFINI.	PLUS-QUE-PARFAIT.
Il tonna.	*Il avait tonné.*
PASSÉ INDÉFINI.	FUTUR.
Il a tonné.	*Il tonnera.*
PASSÉ ANTÉRIEUR.	FUTUR ANTÉRIEUR.
Il eut tonné.	*Il aura tonné.*

Mode conditionnel.

PRÉSENT.	PASSÉ.
Il tonnerait.	*Il aurait tonné* (1).

(Point d'impératif.)

Mode subjonctif.

PRÉSENT.	PASSÉ.
Qu'il tonne.	*Qu'il ait tonné.*
IMPARFAIT.	PLUS-QUE-PARFAIT.
Qu'il tonnât.	*Qu'il eût tonné.*

Mode infinitif.

PRÉSENT.	PASSÉ.
Tonner.	*Avoir tonné.*

CONJUGUEZ AINSI : *Il neige, il pleut, il grêle, il faut, il importe, il semble, etc.*

REMARQUEZ qu'on emploie quelquefois comme verbes impersonnels, des verbes qui sont neutres, passifs ou pronominaux, comme : IL TOMBE *de la pluie ;* IL SE PASSE *des choses étranges ;* IL A ÉTÉ PRIS *des mesures sévères.* Dans ces exemples, le verbe neutre *tomber,* le verbe pronominal *se passer, etc.,* sont employés impersonnellement, puisque, comme les

(1) On dit aussi : *Il eût tonné.*

verbes impersonnels, ils sont précédés de *il*, qui ne tient la place d'aucun substantif et ne se rapporte à rien.

CHAPITRE VI.

DU PARTICIPE.

67. Le participe est un mot qui tient à la fois du verbe et de l'adjectif. Il tient du verbe, en ce que, comme lui, il exprime une action et peut avoir un complément direct ou indirect. Ex. : *Un enfant* AIMANT *Dieu; un enfant* AIMÉ *de Dieu.* — Il tient de l'adjectif, en ce que, comme lui, il qualifie le substantif, et s'accorde souvent avec ce substantif en genre et en nombre. Ex. : *Des enfants* OBÉISSANT *à leurs parents; une place* RECHERCHÉE, *etc.*

68. Il y a deux sortes de participes : le participe *présent* et le participe *passé*.

Le participe présent exprime une action faite par le mot auquel il se rapporte ; il est toujours terminé en *ant*. Ex. : *Un enfant* AIMANT *Dieu.*

Le participe passé exprime une action soufferte, reçue par le mot auquel il se rapporte ; il est terminé de différentes manières, comme *i, e, u, etc.* Ex. : *Un enfant* AIMÉ *de Dieu,* CHÉRI *de ses parents.*

RÈGLE DES PARTICIPES.

Heureux les enfants *aimant* Dieu!

69. RÈGLE I. — Le participe présent ne s'accorde jamais ni en genre ni en nombre avec le mot auquel il se rapporte : il est toujours invariable. *Ex.* :

Heureux l'enfant AIMANT *Dieu!* — *Heureux les enfants* AIMANT *Dieu!*

Heureux les enfants aimés de Dieu!

70. **Règle II.** — Le participe passé s'accorde en genre et en nombre avec le mot auquel il se rapporte. *Ex.:*

Heureux l'enfant AIMÉ *de Dieu!* — *Heureux les enfants* AIMÉS *de Dieu!*

Mon frère a été PUNI; — *ma sœur a été* PUNIE.

REMARQUEZ pourtant que, lorsque le participe passé est accompagné de l'auxiliaire *avoir,* il ne s'accorde pas toujours; il ne peut s'accorder qu'avec le *complément direct* du verbe, et seulement lorsque ce *complément* est placé avant le participe : *Dieu* NOUS *a* EXAUCÉS; *Dieu a* EXAUCÉ *nos* PRIÈRES; *la lettre* QUE *j'ai* ÉCRITE; *j'ai* ÉCRIT *une* LETTRE, etc.

Nous en parlerons plus au long dans la Seconde Partie.

CHAPITRE VII.

DE L'ADVERBE.

71. L'*adverbe* (1) est un mot invariable que l'on ajoute au verbe, pour marquer les *différentes circonstances* de l'action exprimée par le verbe, comme la *manière* dont elle se fait, *l'ordre* dans lequel elle se fait, le *lieu*, le *temps* où elle se fait, etc., etc.

---

(1) *Adverbe* (des mots latins *ad* et *verbum*) veut dire *qui est auprès du verbe,* parce qu'en effet l'adverbe accompagne le plus souvent un verbe. Il accompagne aussi quelquefois un adjectif, comme PLUS *sage,* TRÈS-*sage;* ou un autre adverbe, comme PLUS *éloquemment,* TRÈS-*éloquemment.*

Ainsi quand je dis : *Cet enfant parle* MODESTEMENT; le mot MODESTEMENT est un adverbe, parce qu'il marque la *manière* dont l'enfant fait l'action exprimée par le verbe *parler*. — De même quand je dis : *Cet homme vient* ICI, *il partira* DEMAIN; ces mots ICI et DEMAIN sont des adverbes, parce qu'ils marquent le *lieu* et le *temps* où se font les actions exprimées par les verbes *venir* et *partir*.

Il y a un moyen facile de reconnaître en général qu'un mot est adverbe : c'est de voir si, en le joignant à un verbe quelconque, il peut donner un sens complet et satisfaisant pour l'esprit, *seul et sans le secours d'aucun autre mot*. Ainsi *assidument, jamais, bientôt, où, ne pas*, sont des adverbes, parce qu'en les joignant à un verbe, on peut dire, par exemple, avec un sens complet et satisfaisant pour l'esprit : *Il travaille* ASSIDUMENT; *il ne se plaint* JAMAIS; *il viendra* BIENTÔT; OU *allez-vous? je* NE *pècherai* PAS, etc.

DIFFÉRENTES SORTES D'ADVERBES.

72. Il y a plusieurs sortes d'adverbes, savoir : les adverbes de *manière*, les adverbes *d'ordre*, les adverbes de *lieu*, les adverbes de *temps*, les adverbes de *quantité*, etc.

Les principaux adverbes de chaque espèce sont :

Sagement, poliment, agréablement, modestement, prudemment, doucement, et un très-grand nombre d'autres terminés en *ment* (adverbes de manière);

Premièrement, secondement, troisièmement, d'abord, ensuite, auparavant, etc. (adverbes d'ordre);

Où, ici, y, là, ailleurs, dehors, dedans (adverbes de lieu);

Hier, aujourd'hui, demain, autrefois, bientôt, souvent, toujours, jamais (adverbes de temps) ;

Combien, peu, beaucoup, moins, plus, davantage, tant, autant, assez, trop (adverbes de quantité).

REMARQUEZ 1° qu'un adverbe est souvent composé de plusieurs mots, unis ou non par un trait d'union; on l'appelle alors *locution adverbiale*. On reconnaît une locution adverbiale par le même moyen qu'on reconnaît un adverbe. Ainsi : *Tout à coup, sur-le-champ, à dessein, sans cesse, au hasard, de nouveau, en arrière*, etc., sont des locutions adverbiales, parce qu'en les joignant à un verbe, on peut dire, par exemple, avec un sens complet et satisfaisant pour l'esprit : *Vous causez* SANS CESSE, *vous le faites* A DESSEIN, *sortez* SUR-LE-CHAMP, etc.

REMARQUEZ 2° que certains adjectifs sont quelquefois employés comme adverbes. Ainsi dans ces phrases : *Je chante juste, tu parles bas, il voit clair*, les adjectifs *juste, bas, clair*, sont de véritables adverbes, parce qu'ils expriment la *manière* dont se font les actions marquées par les verbes *chanter, parler, voir*.

REMARQUEZ 3° que plusieurs adverbes, et surtout les adverbes de *manière*, ont, comme les adjectifs, des comparatifs et des superlatifs. Ainsi l'on dit : *Doctement, plus doctement, très-doctement ; — vite, plus vite, très-vite ; — bien, mieux, très-bien ; — mal, plus mal, très-mal ; — souvent, plus souvent, très-souvent*, etc.

REMARQUEZ 4° qu'il ne faut pas confondre *y* adverbe avec *y* pronom ; *y*, adverbe, peut toujours se tourner par *là* : *J'y vais* (je vais *là*) ; *j'y suis* (je suis *là*) ; — *y*, pronom, peut toujours se tourner par *à lui, à elle, à eux, à elles, à cela : L'affaire est très-importante, j'y donnerai mes soins*, c'est-à-dire je donnerai *à elle*.

Ne confondez pas non plus *là*, adverbe, qui prend l'accent grave, avec *la*, article, et *la*, pronom : *la*, article, est toujours suivi d'un nom; *la*, pronom, est toujours suivi d'un verbe, et peut se tourner par *elle*.

CHAPITRE VIII.

DE LA PRÉPOSITION.

73. La *préposition* (1) est un mot invariable qui, *à l'aide d'un second mot*, qu'on appelle son complément, sert à marquer, comme l'adverbe, les différentes circonstances de *manière*, d'*ordre*, de *lieu*, de *temps*, de *matière*, de *mesure*, d'*instrument*, *etc.*

Ainsi quand je dis : *Un vase* **D'***or, un voile long* **DE** *trois aunes, frapper* **AVEC** *l'épée*, ces mots **DE** et **AVEC** sont des prépositions, parce qu'à l'aide des substantifs *or, aunes, épée,* ils servent à marquer la *matière* dont le vase est fait, la *mesure* qu'a le voile, l'*instrument* avec lequel on frappe. — De même, quand je dis : *Je suis* **EN** *France, j'irai* **A** *Paris*, *je vais* **CHEZ** *mon père, je partirai* **DANS** *trois jours*, ces mots **EN**, **A**, **CHEZ**, **DANS**, sont des prépositions, parce qu'à l'aide des substantifs qui les suivent, ils servent à marquer le *lieu* où je vais, le *temps* où je partirai.

(1) *Préposition* (des mots latins *præ* et *ponere*) veut dire *qui se place avant*, parce qu'en effet la préposition se place avant son complément.

Il y a un moyen facile de reconnaître, en général, qu'un mot est préposition ; c'est de voir si, en le joignant à un verbe quelconque, il ne peut donner un sens complet et satisfaisant pour l'esprit qu'à *l'aide d'un second mot* qui le suive ; dans ce cas, c'est une préposition.

Ainsi *par, avec,* sont des prépositions, parce qu'en les joignant à un verbe, on ne peut dire, par exemple, avec un sens complet et satisfaisant pour l'esprit : *Frapper* AVEC, *je tiens le loup* PAR ; il faut nécessairement qu'il y ait *un second mot* qui suive, et qu'on dise, par exemple : *Frapper* AVEC L'ÉPÉE, *je tiens le loup* PAR LES OREILLES. — On distinguera donc la préposition de l'adverbe, en ce que l'adverbe peut toujours, étant joint à un verbe, présenter un sens complet et satisfaisant pour l'esprit, *seul et sans le secours d'aucun autre mot.*

DIFFÉRENTES SORTES DE PRÉPOSITIONS.

74. Il y a plusieurs sortes de prépositions, savoir : les prépositions qui servent à marquer la *manière,* l'*ordre,* le *lieu,* le *temps,* la *matière,* la *mesure,* l'*instrument,* le *prix,* la *valeur,* etc.

Les principales prépositions sont :

A, après, attendu, avant, avec, chez, contre, dans, de, depuis, derrière, dès, devant, durant;

En, entre, envers, excepté, hormis, malgré, moyennant, nonobstant, outre, par, parmi, pendant, pour;

Sans, sauf, selon, sous, suivant, touchant, vers.

REMARQUEZ 1° qu'une préposition est souvent composée de plusieurs mots ; on l'appelle alors *locution prépositive.* — On reconnaît une locution prépositive par le même moyen qu'on reconnaît une préposition. Ainsi :

A cause de, au lieu de, à l'égard de, en faveur de, à la réserve de, quant à, jusqu'à, etc., sont des locutions prépositives, parce qu'en les joignant à un verbe, on ne peut dire, par exemple, avec un sens complet et satisfaisant pour l'esprit : *Je l'aime* A CAUSE DE, *lisez* AU LIEU DE ; il faut nécessairement qu'il y ait un *second mot* qui suive, et qu'on dise, par exemple : *Je l'aime à cause de* SA MODESTIE ; *lisez au lieu de* BADINER. Les locutions prépositives ont ceci de remarquable, qu'elles sont généralement terminées par une préposition.

REMARQUEZ 2° qu'il ne faut pas confondre *à* préposition, avec *a*, troisième personne du verbe *avoir :* on met un accent grave sur *à* préposition : *je vais* à *Paris ;* on n'en met point sur *a* verbe : *il a de l'esprit.*

Ne confondez pas non plus *en*, préposition, avec *en*, pronom : *en*, pronom, peut toujours se tourner par *de lui, d'elle, d'eux, d'elles, de cela : J'ai vu votre maison, et j'*EN *ai admiré la beauté*, c'est-à-dire *la beauté d'*ELLE ; — *en*, préposition, ne peut jamais se tourner ainsi : *Dieu a créé le monde* EN *six jours.*

NOTA. — Plusieurs mots sont à la fois adverbes et prépositions, comme on l'apprendra facilement par l'usage.

CHAPITRE IX.

DE LA CONJONCTION.

75. La *conjonction* (1) est un mot invariable qui sert à lier ensemble, soit les différentes phrases, soit

(1) *Conjonction* (des mots latins *cum* et *jungere*) veut dire *qui joint avec, qui unit, qui lie.*

les parties d'une même phrase, soit même les mots d'un discours.

Ainsi quand je dis : *Craignez* QUE *la gourmandise ne s'empare de vous ;* CAR *ce vice est bien dangereux,* PUISQU'*il conduit à la misère,* LORSQU'*on s'y abandonne ;* ces mots QUE, CAR, PUISQUE, LORSQUE, sont des conjonctions, parce qu'ils servent évidemment à lier entre elles les diverses parties de la phrase. — De même, quand je dis : *Mes parents* ET *mes maîtres sont contents de moi,* ce mot ET est une conjonction qui sert à lier entre eux les mots *parents* et *maîtres*.

Il y a un moyen facile de reconnaître en général qu'un mot est conjonction : c'est de voir si, en le joignant à un verbe quelconque, il ne peut donner un sens complet et satisfaisant pour l'esprit, qu'*à l'aide de plusieurs mots formant soit une phrase entière, soit un membre de phrase :* dans ce cas, c'est une conjonction. Ainsi *que, si, lorsque,* sont des conjonctions, parce qu'en les joignant à un verbe, on ne peut dire, par exemple, avec un sens complet et satisfaisant pour l'esprit : *Je crois* QUE ; SI *vous lisez ce livre ;* LORSQUE *vous viendrez.* Il faut nécessairement qu'il y ait *un membre de phrase* qui suive, et qu'on dise par exemple : *Je crois que* DIEU EST SAINT ; *si vous lisez ce livre,* VOUS ME FEREZ PLAISIR ; *lorsque vous viendrez,* APPORTEZ VOS LIVRES. — On distinguera donc la conjonction : 1° de la préposition, en ce que celle-ci, étant jointe à un verbe, peut donner un sens complet et satisfaisant pour l'esprit, *à l'aide d'un second mot* seulement ; 2° de l'adverbe, en ce que celui-ci, étant aussi joint à un verbe, peut donner un sens complet et satisfaisant pour l'esprit, *seul et sans le secours d'aucun* mot.

LISTE DES PRINCIPALES CONJONCTIONS.

76. Les principales conjonctions sont :

Ainsi, car, cependant, comme, donc, enfin, et, lorsque, mais, néanmoins, ni ;

Or, ou, partant, pourtant, puisque, quand, que, quoique, si, sinon, soit, toutefois, etc.

REMARQUEZ 1° qu'une conjonction est souvent composée de plusieurs mots; on l'appelle alors *locution conjonctive.* — On reconnaît une locution conjonctive par le même moyen qu'on reconnaît une conjonction. Ainsi :

Au reste, au surplus, par conséquent, afin que vu que, à moins que, dès que, parce que, etc., sont des locutions conjonctives, parce qu'en les joignant à un verbe, on ne peut dire, par exemple, avec un sens complet et satisfaisant pour l'esprit : *Dès que vous êtes éveillé ;* il faut nécessairement qu'il y ait *un membre de phrase* qui suive, et qu'on dise, par exemple : *Dès que vous êtes éveillé,* OFFREZ VOTRE COEUR A DIEU. Les locutions conjonctives ont ceci de remarquable, qu'elles sont généralement terminées par *que,* conjonction.

REMARQUEZ 2° qu'il ne faut pas confondre *que,* conjonction, avec *que,* pronom relatif : *que,* pronom relatif, peut toujours se tourner par *lequel, laquelle, lesquels, lesquelles,* comme dans cet exemple : *Les leçons* QUE *j'étudie*, c'est-à-dire *lesquelles j'étudie ;* — *que,* conjonction, ne peut jamais se tourner ainsi par *lequel, laquelle, etc.,* comme dans cet exemple : *Je crois* QUE *vous étudiez des leçons.* — *Que* est aussi quelquefois *adverbe :* c'est quand on peut le tourner par *seulement, pourquoi* ou *combien,* comme dans ces phrases : QUE *tardez-vous ?* c'est-à-dire *pourquoi tardez-vous?* — *La louange n'est due* QU'*à la vertu*, c'est-à-dire *est due seulement*. — QUE *vous a coûté cette maison?* c'est-à-dire *combien*.

Ne confondez pas non plus *ou*, conjonction, avec *où*, adverbe : *ou*, conjonction, peut toujours se tourner par *ou bien*, et s'écrit sans accent : *Vous viendrez me voir*, OU *j'irai chez vous*, c'est-à-dire *ou bien*; — *où*, adverbe, ne peut jamais se tourner par *ou bien*, et s'écrit avec un accent : *Où demeurez-vous?*

CHAPITRE X.

DE L'INTERJECTION.

77. L'*interjection* est un mot invariable qui sert à exprimer une affection vive et subite de l'âme, comme la joie, la douleur, l'étonnement, etc. Ainsi dans ces phrases : AH! *que je suis content!* — HÉLAS! *que je souffre!* — OH! *quel éclair!* les mots *ah, hélas, oh,* sont des interjections.

LISTE DES PRINCIPALES INTERJECTIONS.

Ha! *pour marquer la surprise.*

Ah! aïe! hélas! *pour marquer la douleur.*

Oh! ah! *pour marquer l'admiration.*

Fi! *pour marquer l'aversion.*

Paix! chut! *pour imposer silence.*

Holà! eh! *pour appeler.*

Eh bien! *pour interroger.*

REMARQUEZ qu'une interjection est souvent composée de plusieurs mots, comme *grand Dieu! juste ciel!* On l'appelle alors *locution interjective*. — Une interjection a ceci de remarquable, qu'elle est toujours suivie d'un point d'exclamation.

SUPPLÉMENT

A LA PREMIÈRE PARTIE DE LA GRAMMAIRE FRANÇAISE.

78. Ce Supplément a pour but, comme nous l'avons dit, de compléter la première partie de la grammaire française, et de donner : 1° les noms, les adjectifs et les verbes irréguliers; — 2° la prononciation régulière de certains mots difficiles ; — 3° un modèle d'analyse grammaticale, c'est-à-dire la manière de rendre compte de chaque mot d'une phrase. De là trois chapitres dans notre Supplément. Nous allons suivre exactement l'ordre des matières de la Première Partie, en commençant par les notions préliminaires qui la précèdent.

Notions préliminaires.

I.

DES LETTRES.

79. On écrit par une *majuscule* :

1° Le premier mot qui commence un discours.

2° Le premier mot qui vient après un point; il en est généralement de même après un point d'interrogation, ou après un point d'exclamation ;

3° Le premier mot qui vient après deux points, mais seulement lorsqu'on rapporte les paroles de quelqu'un, comme dans cette phrase : *aimons celui qui a dit : Laissez venir à moi les petits enfants ;*

4° Le premier mot de chaque vers dans une pièce de poésie :

Soumis avec respect à sa volonté sainte,
Je crains Dieu, cher Abner, et n'ai point d'autre crainte.

5° Le nom *Dieu*, et tous ceux par lesquels on le remplace, comme le *Créateur*, le *Tout-Puissant*, le *Seigneur*, etc. Le mot *dieu*, employé pour désigner les faux dieux des païens, ne s'écrit jamais par une majuscule ;

6° Les noms propres d'hommes, de pays, de peuples, de fleuves, de montagnes, etc. Cependant lorsque les noms de peuples sont employés comme adjectifs, l'*empire romain*, la *nation française*, etc., ils ne s'écrivent jamais par une majuscule ;

7° Les noms des quatre points cardinaux, mais seulement lorsqu'ils sont employés pour désigner une contrée, un pays : l'*Amérique du Sud ; le Nord se ligue avec l'Angleterre.* Quand ils désignent les quatre points cardinaux, ils s'écrivent sans majuscule : *le nord, le sud*, etc. ;

8° Les noms qui représentent des êtres moraux, quand ils sont personnifiés, comme dans ce vers de la Henriade :

Là gît la sombre Envie à l'œil timide et louche.

II.

DES SIGNES D'ORTHOGRAPHE.

§ 1er. Accents.

80. 1° Les lettres majuscules ne prennent jamais d'accent.

2° La voyelle *e* ne se marque jamais de l'accent dans les mots où elle est suivie de *x*, comme *exemple, Alexandre* ; — ni dans ceux où elle est suivie d'une même consonne redoublée, comme *erreur, ennemi;* — ni dans ceux où elle est suivie de *z*, seulement à la fin des mots, comme *nez, marchez;* mais on écrit avec un accent *lézard, Mézières, etc.*

3° La voyelle *e* prend l'accent aigu dans tous les mots en *ége : collége, sacrilége, sortilége, etc.*

4° Les verbes en *aître* et en *oître*, qui ont l'accent circonflexe à l'infinitif, prennent cet accent dans le cours du verbe, à tous les temps où *i* est suivi d'un *t :* il *connaît*, je *connaîtrai, etc.*

§ 2. Apostrophe.

81. E se remplace par l'apostrophe :

1° Dans *lorsque, puisque, quoique*, mais seulement devant *il, elle, on, un, une : lorsqu'il parle, puisqu'on veut, quoiqu'un peu fatigué.* N'écrivez donc pas : *lorsqu'Edouard partit*, mais *lorsque Edouard partit.*

2° Dans *entre,* mais seulement devant un mot avec lequel il est intimement lié, comme dans *entr'acte, entr'ouvrir, s'entr'aider, etc.* N'écrivez donc pas : *entr'eux, entr'elles,* mais *entre eux, entre elles ;*

3° Dans *presque,* mais uniquement dans le mot *presqu'île ;*

4° Dans *quelque,* mais seulement devant *un, une : quelqu'un, quelqu'une.* N'écrivez donc pas *quelqu'autre,* mais *quelque autre; quelqu'avide que tu sois,* mais *quelque avide que tu sois ;*

5° Dans *grande,* mais seulement dans les mots *grand'mère grand'tante, grand'chambre, grand'salle, grand'chose, grand'croix, grand'peine, grand'peur, grand'route, grand'pitié, grand'messe* (on dit aussi *grande messe*).

I se remplace par l'apostrophe dans *si*, mais seulement devant *il, ils : s'il veut, s'ils veulent.*

§ 3. Tréma.

82. Le tréma ne s'emploie que sur les trois voyelles *ë, ï, ü.*

Remarquez 1° qu'on écrit, avec le tréma, *païen*, *païennne*, ou, sans le tréma, *payen*, *payenne.*

Remarquez 2° qu'on n'emploie jamais le tréma quand un accent peut avoir le même effet. Ainsi, n'écrivez pas : *poësie, poëme, poëte,* mais *poésie, poème poète, etc.*

§ 4. Trait d'union.

83. Le trait d'union s'emploie :

1° Entre tous les adjectifs numéraux *au-dessous de cent*. Ainsi l'on écrira : *dix-huit, soixante-treize, quatre-vingt-dix-neuf*. Mais *cent, mille* et *million* ne veulent ni être précédés ni être suivis d'un trait d'union; on écrira donc : *Neuf cent soixante-quinze mille francs* sans trait d'union ni avant ni après *cent, etc*. De plus, si l'on exprime le mot *et*, comme *vingt et un, trente et un*, le trait d'union ne doit pas se mettre ;

2° Entre les pronoms *moi-même, toi-même, nous-mêmes, etc.*;

3° Après les verbes suivis immédiatement de pronoms personnels, pouvu que ces pronoms personnels soient sujets ou compléments de ces verbes. Ainsi, dans cette phrase : *Partez-vous?* on met le trait d'union, parce que *vous* est sujet de *Partez*; on le met aussi dans celle-ci : *Réponds-moi*, parce que *moi* est complément de *Réponds*. On en met deux au lieu d'un dans les deux phrases suivantes : *Donnez-les-moi*, *rendez-les-lui*, parce que les deux pronoms sont compléments du verbe. — Mais on dirait sans trait d'union : *Allons nous promener*, et avec un seul trait d'union : *Irons-nous vous chercher ?*

4° Après l'adverbe *très : Très-humble et très-obéissant serviteur.*

CHAPITRE PREMIER.

NOMS, ADJECTIFS ET VERBES IRRÉGULIERS.

ART. 1er. — DU NOM.

84. Voici quelques noms qui sont irréguliers dans la formation du pluriel :

1° AIL, espèce d'oignon, fait au pluriel *ails* ou *aulx*.

2° TRAVAIL, qui fait généralement *travaux* au pluriel, comme nous l'avons vu, fait *travails* dans les deux cas suivants : quand il signifie une machine de bois dans laquelle les maréchaux attachent les chevaux fougueux pour les ferrer, — et quand il se prend pour désigner certains rapports faits au roi par le ministre, ou au ministre par un de ses commis. *Ex. : Ce commis a trois* TRAVAILS *par semaine avec le ministre.*

3° AÏEUL fait au pluriel *aïeux* et *aïeuls*. Il fait *aïeux*, quand il désigne nos ancêtres en général : *Nos aïeux vivaient longtemps* ;— il fait *aïeuls*, quand il désigne seulement le grand-père paternel et le grand-père maternel : *Je possède encore mes deux aïeuls.*

4° Ciel fait au pluriel *cieux* et *ciels*. Il fait *cieux* quand il désigne le séjour des saints ou qu'il est pris dans le sens de climat, de température : *L'Italie est sous de très-beaux cieux ;* — il fait *ciels*, dans tous les autres cas, comme *ciels de lit, ciels de tableaux, ciels de tapisserie, etc.*

5° Œil fait au pluriel *yeux* et *œils*. Il fait *yeux*, quand il désigne l'organe de la vue, et toutes les fois qu'il ne peut donner lieu à aucune équivoque : *Tout le monde a les* YEUX *sur vous ; ce bouillon a beaucoup d'*YEUX, etc. ; — il fait *œils*, toutes les fois qu'il peut y avoir lieu à quelque équivoque. Ainsi l'on dira des *œils-de-bœuf*, et non pas des *yeux-de-bœuf*, pour désigner les petites fenêtres de grenier, parce qu'il pourrait y avoir équivoque ; par la même raison, on dira des *œils-de-chat*, des *œils-de-perdrix*, pour désigner certaines pierres, et non pas des *yeux-de-chat, etc.*

Art. 2. — DE L'ADJECTIF.

85. Nous avons dit que les adjectifs en *eur* ou en *teur* forment pour la plupart leur féminin en *euse* ou en *trice*. Il est quelques-uns de ces adjectifs qui s'éloignent plus ou moins de cette règle de formation ; les voici :

Pécheur, fémin. *pécheresse.*

Vengeur, fémin. *vengeresse.*

Chanteur, fémin. *chanteuse* et *cantatrice*. *Cantatrice* ne s'emploie que pour désigner une personne qui a une grande réputation.

Chasseur, fém. *chasseuse* et *chasseresse*. *Chasseresse* ne s'emploie que dans les vers.

Débiteur, fém. *débiteuse* et *débitrice*. *Débiteuse*

veut dire *qui débite : C'est une grande débiteuse de nouvelles ; débitrice* veut dire *qui doit : Elle est ma débitrice de mille francs.*

Demandeur, fém. *demandeuse* et *demanderesse. Demandeuse* veut dire *qui demande, qui mendie : C'est une demandeuse perpétuelle ;* — *demanderesse* veut dire qui fait une demande à quelqu'un devant les tribunaux : *La somme réclamée par la demanderesse est de cent francs.* On dit de même *défenderesse*, fém. de *défendeur.*

Vendeur, fém. *vendeuse* et *venderesse. Vendeuse* veut dire femme qui fait profession de vendre ; — et *venderesse* veut dire femme qui a vendu telle chose en telle circonstance.

Remarquez que si les mots terminés en *eur* expriment des états exercés le plus ordinairement par des hommes, ils ne changent point de forme au féminin; tels sont : *auteur, compositeur, docteur, professeur, traducteur, etc.* Ainsi on dit : *Une femme auteur de livres remarquables.*

Art. 3.—DU VERBE.

86. Cet article contiendra : 1° une suite d'observations sur l'orthographe d'un très-grand nombre de verbes ; 2° un modèle de verbes conjugués sous la forme interrogative ; 3° une liste des principaux verbes irréguliers.

§ 1er. Observations sur l'Orthographe d'un très-grand nombre de Verbes.

1re Conjugaison.

87. 1. Verbes *en* cer. — Les verbes terminés au présent de l'infinitif par *cer,* prennent une cédille sous le *ç* quand la terminaison commence par une des

voyelles *a*, *o* : **Avancer**, *nous avançons*, *ils avançaient*; — **forcer**, *je forçais, nous forçons.*

2. **Verbes** *en* **ger**. — Les verbes terminés au présent de l'infinitif par *ger*, prennent, par euphonie, un **e** muet après la consonne *g*, quand la terminaison commence par une des voyelles *a*, *o* : **Changer**, *nous changeons, ils changeaient*; — **songer**, *je songeais, nous songeons.*

3. **Verbes** *en* **érer**, **éter**, etc. — Tous les verbes qui ont à l'avant-dernière syllabe un *é fermé*, comme *espérer, végéter, régner*, etc., changent cet *é fermé* en *è ouvert* devant une syllabe muette : **Espérer**, *j'espère, j'espèrerai*; **régner**, *que je règne, ils règneraient.*

Mais on dit avec l'*é fermé* : *Nous espérons, il régnait*, parce que la syllabe qui suit l'*é* n'est pas muette.

Remarquez que les verbes en *éger* doivent être exceptés de cette règle : ils conservent toujours l'*é* fermé : *J'abrége, ils abrégeront*, etc.

4. **Verbes** *en* **erer**, **ever**, etc. — Tous les verbes qui ont à l'avant-dernière syllabe un *e muet*, comme *lever, mener*, etc., changent cet *e muet* en *è ouvert* devant une syllabe muette : **Lever**, *je lève, je lèverai*; — **mener**, *je mène, je mènerai.*

Remarquez que les verbes en *eler* et *eter*, comme *appeler, jeter*, etc., doivent être exceptés de cette règle; au lieu de changer l'*é muet* en *è ouvert* devant une syllabe muette, ils doublent la consonne *l, t* : *J'appelle, ils appelleront*; *je jette, ils jetteront.*

5. **Verbes** *en* **éer**. — Les verbes terminés au présent de l'infinitif par *éer*, comme *créer, agréer*, etc.,

prennent deux *e* de suite dans tous les temps où la terminaison commence par un *e muet* : *Je supplé-e, je cré-erai, j'agré-erais*, etc.

Au participe passé féminin, ils prennent trois *e* : *créée, agréée, etc.*

2° Conjugaison.

88. 1. **Verbe haïr.** — Le verbe *haïr* prend deux points sur l'*i* dans toute la conjugaison, excepté aux trois personnes du singulier du présent de l'indicatif : *Je hais, tu hais, il hait*; et à la seconde personne du singulier de l'impératif : *Hais*. Gardez-vous donc de prononcer : *Je ha-ïs le péché*; dites *je hais le péché* (prononcez *hès*). — De plus, le verbe *haïr* prend un tréma aux deux premières personnes du pluriel du passé défini, *nous haïmes, vous haïtes*, et à la troisième personne du singulier de l'imparfait du subjonctif, *qu'il haït*, au lieu de prendre, comme tous les autres verbes, l'accent circonflexe.

2. **Verbe bénir.** — Le verbe *bénir* fait au participe passé *bénit, bénite*, et *béni, bénie*. Il fait *bénit, bénite* pour les choses consacrées par les prières des prêtres : *de l'eau bénite, du pain bénit*; — *béni, bénie*, partout ailleurs : *peuple béni de Dieu*.

3. **Verbe fleurir.** — Le verbe *fleurir* fait à l'imparfait *florissait*, et au participe présent *florissant*, lorsqu'il sagit de la prospérité d'un empire, des sciences, etc. : *L'empire des Assyriens* FLORISSAIT *à cette époque*.

Remarquez que, lorsqu'un verbe finit par le son *ir*, on ne sait souvent s'il faut écrire *ir* (seconde conjugaison) ou *ire* (quatrième conjugaison). Or il faut retenir que de tous les verbes qui finissent par le son *ir*, il n'y a que ceux dont le participe présent fait *isant* ou *ivant*, qui appartiennent à la quatrième conjugaison, et qui doivent s'écrire *ire* avec un *e*.

Bruire, frire, maudire, rire, sourire, sont les seuls verbes qui, n'ayant le participe présent ni en *isant*, ni en *ivant*, appartiennent cependant à la quatrième conjugaison, et s'écrivent *ire* avec un *e*.

3e Conjugaison.

89. Verbe devoir. — Les verbes *devoir, redevoir* et *mouvoir* prennent un accent circonflexe au participe passé, mais seulement au masculin : *dû, redû, mû*.

Remarquez que, lorsqu'un verbe finit par le son *oir,* on ne sait souvent s'il faut écrire *oir* (troisième conjugaison), ou *oire* (quatrième conjugaison). Or il faut retenir que de tous les verbes qui finissent par le son *oir,* il n'y a que *boire, croire* et son composé *accroire* qui appartiennent à la quatrième conjugaison, et s'écrivent *oire* avec un *e*.

4e Conjugaison.

90. Verbes *en* dre. — Les verbes terminés en *dre* au présent de l'infinitif gardent le *d* de l'infinitif aux trois personnes du singulier du présent de l'indicatif, et s'écrivent *ds, ds, d : Je rends, tu rends, il rend; je prends, tu prends, il prend, etc.*

Remarquez qu'il faut excepter les verbes terminés en *indre* et en *soudre*, comme *plaindre, absoudre,* etc. Ces verbes perdent le *d* de l'infinitif, et s'écrivent *s, s, t : Je plains, tu plains, il plaint ; j'absous, tu absous, il absout*, etc. — Remarquez encore, sur les verbes en *indre*, que les uns s'écrivent par *eindre*, et les autres par *aindre ;* or il n'y en a que trois qui prennent la lettre *a : contraindre*, *craindre* et *plaindre*.

2. VERBES *en* ENDRE. — De tous les verbes terminés par *endre*, il n'y en a que deux qui prennent *a : épandre* et *répandre*.

3. FAIRE *et* DIRE font au présent de l'indicatif : nous *faisons*, vous *faites*, ils *font ;* — nous *disons*, vous *dites*, ils *disent*.

Observation générale sur les verbes des quatre conjugaisons dont le participe présent est en IANT ou YANT.

91. A quelque conjugaison qu'un verbe appartienne, si la finale *ant* du participe présent est précédée d'un *i* ou d'un *y*, il faut remarquer deux choses :

1° A la première et à la deuxième personne du pluriel de l'*imparfait de l'indicatif* et du *présent du subjonctif*, il doit toujours y avoir deux *i* (ii) si le participe présent est en *iant*, et un *y* suivi de *i* (yi) s'il est en *yant :* PRIER, pr*iant : nous* PRIIONS, *vous* PRIIEZ, etc. — EMPLOYER, emplo*yant : que nous* EMPLOYIONS, *que vous* EMPLOYIEZ.

2° Les verbes dont le participe présent est en *yant*, changent leur *y* en un *i*, lorsqu'il est suivi d'un *e muet :* FUIR, fu*yant : ils* FUIENT, *que je* FUIE, etc.

REMARQUEZ qu'il est d'usage de conserver l'*y* avant l'*e muet* dans les verbes en *ayer*, *eyer*, comme *payer* et *grasseyer*, et d'écrire : *ils payent*, *ils grasseyent*, *etc.*

§ 2. Verbes conjugués sous la forme interrogative.

92. Les verbes conjugués sous la forme interrogative ne diffèrent en rien des autres verbes, sinon que

les pronoms suivent les verbes au lieu de les précéder, comme nous l'avons vu jusqu'ici.

Les verbes conjugués interrogativement ne sont d'usage qu'aux temps de l'*indicatif* et du *conditionnel.*

Voici un modèle de verbes conjugués interrogativement :

Mode indicatif.

PRÉSENT.

Aimé-je?
Aimes-tu?
Aime-t-il?
Aimons-nous?
Aimez-vous?
Aiment-ils?

IMPARFAIT.

Aimais-je?
Aimais-tu?
Aimait-il?
Aimions-nous?
Aimiez-vous?
Aimaient-ils?

PASSÉ DÉFINI.

Aimai-je?
Aimas-tu?
Aima-t-il?
Aimâmes-nous?
Aimâtes-vous?
Aimèrent-ils?

PASSÉ INDÉFINI.

Ai-je aimé?
As-tu aimé?
A-t-il aimé?
Avons-nous aimé?
Avez-vous aimé?
Ont-ils aimé?

PASSÉ ANTÉRIEUR.

Eus-je aimé?
Eus-tu aimé?
Eut-il aimé?
Eûmes-nous aimé?
Eûtes-vous aimé?
Eurent-ils aimé?

PLUS-QUE-PARFAIT.

Avais je aimé?
Avais-tu aimé?
Avait-il aimé?
Avions-nous aimé?
Aviez-vous aimé?
Avaient-ils aimé?

FUTUR.

Aimerai-je?
Aimeras-tu?
Aimera-t-il?
Aimerons-nous?
Aimerez-vous?
Aimeront-ils?

FUTUR ANTÉRIEUR.	
Aurai-je aimé?	*Aurons-nous aimé?*
Auras-tu aimé?	*Aurez-vous aimé?*
Aura-t-il aimé?	*Auront-ils aimé?*

Mode conditionnel.

PRÉSENT.	PASSÉ.
Aimerais-je?	*Aurais-je aimé?*
Aimerais-tu?	*Aurais-tu aimé?*
Aimerait-il?	*Aurait-il aimé?*
Aimerions-nous?	*Aurions-nous aimé?*
Aimeriez-vous?	*Auriez-vous aimé?*
Aimeraient-il?	*Auraient-ils aimé* (1)?

Remarquez 1° qu'entre le verbe et le pronom qui en est le sujet, on met toujours un trait d'union; dans les temps simples, on le met immédiatement après le verbe : *aimé-je? aimait-il? etc.*; dans les temps composés, on le met entre l'auxiliaire et le pronom : *as-tu aimé? avait-il aimé? etc.*

Remarquez 2°, sur la première personne, que, quand elle finit par un *e muet*, comme *j'aime, j'eusse*, cet *e muet* se change en *é fermé* : *aimé-je? eussé-je? etc.* De plus, quand la première personne du présent de l'indicatif n'a qu'une syllabe, le verbe ne prend jamais la forme interrogative. Ainsi, on ne dit pas : *rends-je? sors-je? dors-je? etc.*; mais on prend un autre tour, et l'on dit : *est-ce que je rends? est-ce que je sors? etc.* — Il n'y a guère d'exceptions que *ai-je? suis-je? vais-je? dis-je? dois-je? vois-je? fais-je? puis-je?*

Remarquez 3°, sur la troisième personne, que,

(1) On dit aussi : *Eussé-je aimé? eusses-tu aimé? eût-il aimé? eussions-nous aimé? eussiez-vous aimé? eussent-ils aimé?*

quand elle finit par une voyelle, comme *il aime, il aima, etc.*, on place un *t*, qu'on appelle *euphonique*, entre le verbe et le pronom, et l'on écrit avec deux traits d'union : *aime*-t-*il? aima*-t-*il? cherche*-t-*elle ?*

REMARQUEZ 4° qu'on doute quelquefois si l'on doit écrire *aimé-je?* ou *aimai-je?* qui tous les deux se prononcent de la même manière. Un moyen de s'y reconnaître, c'est de faire disparaître la forme interrogative ordinaire, et de voir si l'on obtient *j'aime* ou *j'aimai*. Dans le premier cas, c'est le présent de l'indicatif, et il faut *aimé-je?* Dans le second cas, c'est le passé défini, et il faut *aimai-je. Ex.* : *Chanté-je maintenant?* c'est-à-dire *est-ce que je chante maintenant?* c'est le présent de l'indicatif. *Chantai-je hier?* c'est-à-dire *est-ce que je chantai hier?* c'est le passé défini.

NOTA. — On trouvera les verbes irréguliers disposés en forme de dictionnaire à la fin de la grammaire.

CHAPITRE II.

DE LA PRONONCIATION RÉGULIÈRE DE CERTAINS MOTS DIFFICILES.

A.

Août, *prononcez* oû.
Aoriste, *pron.* oriste.
Saône, *pron.* Sône.
Taon (mouche), *pr.* ton.
Toast, *pron.* tost.

E.

Caen, *pron.* Can.
Hennir, *pron.* hannir.
Indemnité, *pron.* indamnité.
Enivrer, *pron.* annivrer.
Enorgueillir, *pron.* annorgueillir.

I.

Oignon, *pron.* ognon.

O.

Laon, *pron.* Lan.
Paon, *pron.* pan.
Paonne, *pron.* panne.
Faon, *pron.* fan.

U.

Aiguiser, *pron.* aigu-ïser.
Aiguillon, *pron.* aiguïllon.
Guise, *pron.* Gu-ïse.
Rhum (liqueur), *prononcez* rome.

AI.

Douairière, *pron.* doua-rière.

OI

Roide, *pron.* rède.

B.

Radoub, *pron.* radoube.
Rumb, *pron.* rombe.

C.

Cotignac, *pron.* cotigna.
Broc, *pron.* bro.
Violoncelle, *pron.* violon-chelle.

F.

Cerf (animal), *pron.* cer.
Serf (esclave), *pron.* serfe.
Nerf, *pron.* nerfe.
Œuf, *pron*, œufe.
Bœuf, *pron.* bœufe.

Remarquez que dans ces trois derniers mots, quand ils sont au pluriel, f *ne se prononce pas.*

G.

Gangrène, *prononc.* can-grène.
Legs, *pron.* lè.
Signet, *pron.* sinet.

H.

Remarquez que, bien que la consonne *h* soit aspirée dans *Hollande* et *Hongrie*, on dit : *fromage d'Hollande*, *toile d'Hollande*, *eau de la reine d'Hongrie.* — De même, bien qu'elle soit aspirée dans *héros*, elle ne l'est pas dans *héroïne*, *héroïque*, *héroïquement*, *héroïsme.*

P.

Dompter, *pron.* domter.
Symptôme, *pron.* sympe-tôme.

Q.

Coq d'Inde, *prononc.* co d'Inde.

R.

Remarquez qu'on ne prononce l'*r* qui termine les infinitifs de la première conjugaison, que quand ces infinitifs sont suivis d'un mot commençant par une voyelle ou une *h* muette. Ainsi, *aimer à chanter* se prononcera *aiméra chanter ;* mais *aimer l'étude* se prononcera *aimé l'étude.*

S.

Du Guesclin, *prononc.* Du Guéclin.

Tandis que, *pron.* tandi que.

Alors, *pron.* alor.

Ours, *pron.* ourse.

T.

Fat, *pron.* fate.

Granit, *pron.* granite.

Net, *pron.* nète.

W.

Warwick, *pron.* Varvick.

Westphalie, *pron.* Vesphalie.

Whist, *pron.* ouist.

Newton, *pron.* Neuton.

Law, *pron.* Lace.

X.

Aix, *pron.* Aisse.

Aix-la-Chapelle, *prononc.* Aisse-la-Chapelle.

Bruxelles, *pron.* Brucelle.

Z.

Suez, *pron.* Suès.

Rhodez, *pron.* Rodès.

CH.

Archiépiscopal, *pron.* arkiépiscopal.

Michel-Ange, *pron.* Mikel-Ange.

Achéron, *pr. comme dans* chérir.

GN.

Igné, *pron.* iguené.

QU.

Quaker, *pron.* Couacre.

Questeur, *pron.* cu-esteur.

SH.

Shakspeare, *pron.* Chèkspire.

CHAPITRE III.

DE L'ANALYSE GRAMMATICALE.

94. L'analyse, en général, est une opération qui a pour but de diviser un tout en ses parties, pour s'en bien rendre compte.

En grammaire, il y a deux sortes d'analyses : l'*analyse grammaticale* et l'*analyse logique.*

L'*analyse logique* est la manière de rendre compte des phrases et des membres de phrases : il en sera question à la fin de la seconde partie.

L'*analyse grammaticale* est la manière de rendre compte de chacun des mots d'une phrase, c'est-à-dire d'en faire connaître le genre, le nombre, la conjugaison, les différents rapports qu'ils ont entre eux, etc.

Pour bien faire l'analyse grammaticale, il faut indiquer :

1° *Pour un nom :* l'espèce, c'est-à-dire s'il est nom propre ou nom commun; le genre, le nombre; s'il est sujet ou complément;

2° *Pour un article :* le genre, le nombre; à quel substantif il se rapporte;

3° *Pour un adjectif :* l'espèce, c'est-à-dire s'il est qualificatif, numéral, etc.; le genre, le nombre; à quel mot il se rapporte;

4° *Pour un pronom* : si c'est un pronom personnel, démonstratif, etc.; de quel nom il tient la place;

5° *Pour un verbe :* l'espèce, c'est-à-dire si c'est un verbe actif, passif, etc.; la personne, le nombre, le temps, le mode, les temps primitifs;

6° *Pour un participe :* l'espèce, c'est-à-dire si c'est un participe présent ou passé; le genre, le nombre; à quel mot il se rapporte;

7° *Pour une préposition :* quel est son complément;

8° *Pour un adverbe :* à quel verbe, à quel adjectif il se rapporte;

9° *Pour une conjonction* : quels mots ou quelles phrases elle sert à unir;

10° *Pour une interjection* : quel sentiment elle exprime.

Modèle d'Analyse grammaticale.

95. Soit la phrase suivante à analyser : *Dieu est infiniment bon; je l'aime de tout mon cœur.*

Dieu	Subst. propre masc. sing., sujet de *est.*
est	Verbe à la 3e pers. du sing. du prés. de l'indic. du verbe auxiliaire *être.*
infiniment	Adverbe, qui se rapporte à l'adj. *bon.*
bon	Adj. qualific. au masc. sing., qui se rapporte à *Dieu.* — Fém. *bonne.*
je	Pronom personnel de la 1re pers., sujet de *aime.*
le	Pronom de la 3e pers., régime direct du verbe *aimer*, tenant la place de *Dieu.*
aime	Verbe à la 1re pers. du sing. du prés. de l'indicatif de *aimer*; verbe actif de la 1re conjugaison.
de	Préposition qui a pour complément *cœur.*
tout	Adj. indéf. au masculin sing., qui se rapporte à *cœur.*
mon	Adj. possessif au masc. sing., qui se rapporte à *cœur.*
cœur	Subst. commun, masc. sing.; rég. ind. du verbe *j'aime.*

SECONDE PARTIE,

OU

SYNTAXE.

96. Dans la Seconde partie de la Grammaire française, on apprend à connaître les règles d'après lesquelles on doit arranger les mots entre eux pour en faire des phrases correctes, et se faire bien comprendre de ceux à qui l'on parle. Cette manière d'arranger ainsi les mots s'appelle *Syntaxe*, d'un mot grec qui veut dire *arrangement*.

Nous allons étudier successivement la syntaxe de chacun des dix mots du discours. De là dix chapitres dans la Seconde partie. Elle sera suivie, comme la première, d'un Supplément, où nous donnerons : 1° un modèle d'analyse logique, c'est-à-dire la manière de rendre compte de chaque phrase d'un discours; 2° les principes de la ponctuation des phrases; 3° la construction régulière de certaines phrases vicieuses.

CHAPITRE PREMIER.

DE L'ARTICLE.

Les rois et les sujets.

97. Règle i. — Lorsqu'il y a deux ou plusieurs substantifs de suite, on exprime l'article devant chaque substantif, ou on le supprime devant tous. *Ex.* :

5*

LES *rois et* LES *sujets sont égaux devant Dieu;* ou bien : *rois et sujets sont égaux devant Dieu.* On pècherait contre la grammaire en n'exprimant qu'une seule fois l'article : *Les rois et sujets sont*, *etc.*

LE *père et* LA *mère*, et non pas *les père et mère.*

LE *maire et* LE *préfet de Dijon*, et non pas *les maire et préfet de Dijon.*

Le vieux et le jeune soldat.

98. RÈGLE II. — Lorsqu'il y a deux ou plusieurs adjectifs de suite unis par *et*, *ou*, on exprime l'article devant chaque adjectif, toutes les fois que le substantif auquel ils se rapportent désigne au moins deux personnes ou deux choses *différentes*, *distinctes*. Ex. :

LE *vieux et* LE *jeune soldat*, et non pas *le vieux et jeune soldat.* — Il est facile, en effet, de voir que, dans cet exemple, le substantif *soldat* désigne deux soldats différents, puisque le même soldat ne peut être à la fois vieux et jeune.

LE *premier et* LE *second étage*, et non pas *les premier et second étages.*

LA *langue grecque et* LA *latine*, et non pas *les langues grecque et latine.*

LE *cinquième et* LE *sixième chapitre*, et non pas *les cinquième et sixième chapitres.*

Mais toutes les fois que le substantif auquel se rapportent les adjectifs ne désigne pas des personnes ou des choses *différentes*, *distinctes*, on ne doit jamais exprimer l'article qu'une seule fois. *Ex.* :

LE *vieux et brave soldat*, et non pas LE *vieux et* LE *brave soldat.* — Il est facile, en effet, de voir que, dans cet exemple, le substantif *soldat* désigne un seul et même soldat, qui est à la fois vieux et brave.

Le *bon et généreux Henri* IV, et non pas LE *bon et* LE *généreux Henri* IV.

REMARQUEZ que les deux règles précédentes s'appliquent aussi aux adjectifs numéraux, possessifs ou démonstratifs. Ainsi il faut dire, en répétant deux fois l'adjectif : SON *frère et* SA *sœur*, et non pas *ses frère et sœur*; — VOTRE *père et* VOTRE *mère*, et non pas *vos père et mère*; — CES *officiers et* CES *soldats*, et non pas *ces officiers et soldats*.

Il faut dire de même, en répétant deux fois l'adjectif : UN *vieux et* UN *jeune soldat*; — CETTE *grande et* CETTE *petite maison*. Mais on dit, en n'exprimant qu'une fois l'adjectif : UN *vieux et brave soldat*; — VOTRE *bonne et belle action mérite récompense* (1).

J'ai lu de bons livres.

99. RÈGLE III. — Lorsqu'un nom pris dans un sens *partitif* (2) est précédé d'un adjectif, on met la préposition *de*, et non pas l'article *des* ou *du*, devant cet adjectif. Ainsi l'on dira :

J'ai lu DE *bons livres*, et non pas DES *bons livres*.

---

(1) L'usage ne tient pas toujours compte des deux règles précédentes; l'Académie elle-même s'en écarte quelquefois. Cependant, pour la deuxième, l'usage est parfaitement d'accord avec la grammaire dans le cas où le substantif auquel se rapportent les adjectifs ne désigne pas des personnes ou des choses *différentes*, *distinctes*.

(2) Un substantif est pris dans un sens *partitif*, quand il désigne une partie seulement des personnes ou des choses qu'il représente. Ainsi, quand je dis : *des hommes*; le substantif *hommes* est pris dans un sens partitif, car il ne désigne réellement qu'une partie des hommes.

J'ai vu **DE** *belles maisons*, et non pas **DES** *belles maisons*.

Pour bien écrire, il faut **DE** *bonnes plumes*, **DE** *bon papier et* **DE** *bonne encre*, et non pas **DES** *bonnes plumes*, **DU** *bon papier*, *etc.*

Remarquez cependant que, lorsque le substantif et l'adjectif se lient ensemble dans le langage ordinaire, et ne forment pour ainsi dire qu'un seul mot, comme *petits-pois*, *petit-pâté*, *petit-maître*, *bon mot*, *jeunes gens*, *grand homme*, *bon temps*, *etc.*, on exprime l'article, et l'on dit : *Manger* **DES** *petits-pâtés; boire* **DU** *petit-lait; dire* **DES** *bons mots; fréquenter* **DES** *grands hommes.*

Vos n'aurez pas de récompense.

100. **Règle IV.** — Lorsqu'un nom est le complément d'un verbe actif accompagné d'une négation, et que le sens de la phrase est vraiment négatif, on met la préposition *de*, et non pas l'article *des* ou *du* devant ce nom. *Ex.* :

Vous n'aurez pas **DE** *récompense*, et non pas **DES** *récompenses.*

Je ne vous donnerai pas **DE** *louanges*, et non pas **DES** *louanges.*

Je ne vous ferai pas **DE** *reproches*, et non pas **DES** *reproches.*

Remarquez cependant que, lorsque le substantif est suivi d'un adjectif ou d'une espèce de phrase qui sert comme à le qualifier, on exprime l'article, et l'on dit : *Je ne vous donnerai pas* **DES** *louanges* **QUI** *vous* **ENORGUEILLISSENT** ; — *Je ne vous ferai pas* **DES** *reproches* **FRIVOLES** ; — *Ne faites point* **DES** *vœux* **INDISCRETS**, **DES** *promesses* **LÉGÈRES**.

De toutes mes sœurs, voici la plus âgée.

101. **Règle v.** — Lorsque l'article est placé devant les adverbes *plus, mieux, moins,* il est tantôt variable, et tantôt invariable :

1° Il est variable, c'est-à-dire qu'il s'accorde avec le substantif, et fait *le,* ou *la,* ou *les,* lorsqu'il y a comparaison dans la phrase. *Ex.* :

De toutes mes sœurs, voici LA PLUS *âgée.*

De tous les élèves, vos frères sont LES PLUS *applaudis.*

2° Il est invariable, c'est-à-dire qu'il ne s'accorde pas avec le substantif, et fait toujours *le,* lorsqu'il n'y a pas de comparaison, mais qu'on veut exprimer une qualité portée au plus haut degré. *Ex.* :

Votre mère ne pleure pas, lors même qu'elle est LE PLUS *affligée*, c'est-à-dire *affligée au plus haut point.*

Prenons patience, lors même que nous sommes LE PLUS *accablés par les maux*, c'est-à-dire *accablés au plus haut point.*

Remarquez que, lorsque les adverbes *plus, mieux, moins,* sont suivis d'un adverbe, ou qu'ils sont employés *seuls,* sans qu'il y ait un adjectif de sous-entendu, l'article qui les précède reste toujours invariable, parce qu'il fait partie d'une locution adverbiale. *Ex.* :

Racine et Boileau sont les poètes qui écrivent LE MIEUX, LE PLUS *noblement.*

C'est cette pensée qui me tourmente LE PLUS.

CHAPITRE II.

DU NOM.

I.

Noms propres.

Les deux Corneille sont nés à Rouen.

102. Règle. — Les noms propres sont invariables, c'est-à-dire qu'ils ne changent pas au pluriel. *Ex.* :

Les deux Corneille *sont nés à Rouen.*

Les Bossuet *et les* Bourdaloue *ont illustré la chaire chrétienne* (1).

Exceptions. — 1° Un substantif propre prend la marque du pluriel quand il est employé pour désigner, non pas un individu en particulier qui porte ce nom, mais plutôt une classe d'individus, une famille historique tout entière, comme les *Bourbons, les Guises, les Stuarts, les Condés, etc.* :

Les Bourbons *ont régné en France*, c'est-à-dire *la famille des Bourbons, etc.*

2° Un substantif propre prend la marque du pluriel quand il est employé pour désigner, non pas l'individu qui porte ce nom, mais des individus semblables à lui :

(1) Remarquez, sur ce dernier exemple, que souvent les noms propres sont précédés de l'article pluriel, quoique ne désignant qu'un seul individu : on reconnaît facilement qu'ils ne désignent qu'un seul individu, quand on peut retrancher l'article sans altérer le sens.

La France a eu ses CÉSARS *et ses* POMPÉES, c'est-à-dire *des généraux semblables à César et à Pompée.*

Les NAPOLÉONS *sont rares,* c'est-à-dire *des hommes semblables à Napoléon.*

II.

Noms étrangers.

Cet élève a eu trois accessits.

103. RÈGLE. — Les substantifs empruntés des langues étrangères prennent la marque du pluriel comme tous les autres substantifs, pourvu qu'ils soient d'un fréquent usage. *Ex. :*

Cet élève a eu trois ACCESSITS (1).

Des BRAVOS (2) *ont couronné nos* EXAMENS (3).

EXCEPTIONS. — 1° Les substantifs étrangers qui commencent ou terminent des prières, comme *alleluia, amen, pater, ave, credo, etc.*, ne prennent jamais la marque du pluriel.

Le CREDO *de Dumont est l'un des plus beaux* CREDO.

On a chanté plusieurs TE DEUM *en actions de grâces.*

2° Les substantifs étrangers qui sont composés de deux mots unis par un trait d'union, ne prennent jamais la marque du pluriel, excepté *sénatus-consulte :*

La politesse défend les POST-SCRIPTUM *dans une lettre à un supérieur.*

Les EX-VOTO *abondent dans cette chapelle.*

---

(1) *Accessit,* temps d'un verbe latin qui veut dire *approcher.*

(2) *Bravo,* terme emprunté de l'italien.

(3) *Examen,* mot latin. — C'est par l'usage même qu'on connaît si un substantif étranger est d'un fréquent usage.

III.

Noms formés de mots invariables.

Avec les *si*, on ferait bien des choses.

104. Règle. — Les mots invariables, comme adverbes, prépositions, etc., qui sont employés accidentellement comme substantifs, ne prennent jamais la marque du pluriel. *Ex.* :

Avec les SI, *on ferait bien des choses.*

En beaucoup de choses, il est difficile de voir les derniers POURQUOI.

Remarquez que la même règle est applicable aux mots variables, comme le verbe, qui ne forment pas leur pluriel en ajoutant un *s* : *Vos* ALLER *et vos* VENIR *m'ennuient.*

IV.

Noms composés.

On appelle *noms composés* des noms formés de deux ou plusieurs mots unis par un trait d'union, comme *chou-fleur*, *chef-d'œuvre*, *arc-en-ciel*, *etc.*

Il y a en France 86 chefs-lieux de département.

105. Règle i. — Lorsqu'un nom composé est formé de deux noms placés *immédiatement* l'un après l'autre, comme *chef-lieu*, *chou-fleur*, *etc.*, ils prennent tous les deux la marque du pluriel, à moins que le sens particulier des mots ne s'y oppose. *Ex.* :

Il y a en France 86 CHEFS-LIEUX *de département.*

Les CHOUX-FLEURS *sont de bons légumes.*

Nous avons dit : à moins que le sens particulier des mots ne s'y oppose ; car dans les noms composés suivants, par exemple, il n'y a qu'un seul substantif qui puisse prendre la marque du pluriel :

Un appui-main, au plur. *des appuis-main*, le sens particulier des mots étant : *des appuis pour la main.*

Un hôtel-Dieu, au plur. *des hôtels-Dieu*, le sens particulier étant : *des hôtels de Dieu.*

Un bec-figues, au plur. *des bec-figues*, le sens particulier étant : *des oiseaux dont le bec pique les figues.*

Bossuet n'a fait que des chefs-d'œuvre.

106. Règle II. — Lorsqu'un nom composé est formé de deux noms séparés par une préposition, comme *chef-d'œuvre, ciel-de-lit, etc.*, il n'y a que le premier des deux noms qui prenne la marque du pluriel, à moins que le sens particulier des mots ne s'y oppose. *Ex.* :

Bossuet n'a fait que des CHEFS-D'OEUVRE.
Voici de beaux CIELS-DE-LIT.

Nous avons dit : à moins que le sens particulier des mots ne s'y oppose ; car dans les composés suivants, par exemple, le premier substantif lui-même ne prend pas la marque du pluriel :

Un coq-à-l'âne, au pluriel *des coq-à-l'âne*, le sens particulier étant : *des conversations sans suite aucune, où l'on passe du coq à l'âne.*

Un pied-à-terre, au plur. *des pied-à-terre*, le sens particulier étant : des logements où l'on a seulement *un pied à terre.*

Un tête-à-tête, au plur. *des tête-à-tête*, le sens particulier étant : des entrevues où l'on est *tête à tête*, c'est-à-dire *seul à seul.*

Les renards aiment les *basses-cours.*

107. Règle iii. — Lorsqu'un nom composé est formé d'un nom et d'un adjectif, comme *basse-cour, petit-maître, etc.*, ils prennent tous les deux la marque du pluriel, à moins que le sens particulier des mots ne s'y oppose. *Ex.* :

Les renards aiment les BASSES-COURS.

Les PETITS-MAÎTRES *sont insupportables.*

Nous avons dit : à moins que le sens particulier des mots ne s'y oppose ; car dans les composés suivants, par exemple, il n'y a que le substantif ou l'adjectif qui prenne la marque du pluriel :

Un blanc-seing, au plur. *des blanc-seings*, le sens étant : *des signatures apposées sur des papiers laissés en blanc.*

Un terre-plein, au plur. *des terre-pleins,* le sens étant : *des lieux pleins de terre.*

Un chevau-léger, au plur. *des chevau-légers,* le sens étant, par abréviation militaire, *chevaucheur léger,* c'est-à-dire cavalier d'un corps de troupes légères.

Remarquez que si le substantif composé est formé d'un substantif et d'un mot pris adjectivement qui ne s'emploie pas seul, comme dans *pie*-GRIÈCHE, *loup*-GAROU, *porte*-COCHÈRE, ce mot prend la marque du pluriel, et l'on écrit : des *pies-grièches, des loups-garous,* des *portes-cochères*. Mais écrivez : *des* VICE-*rois, des* VICE-*présidents*.

L'armée a envoyé des *avant-coureurs.*

108. Règle iv. — Lorsqu'un nom composé est formé d'un substantif et d'un mot invariable, adverbe, préposition, ou même d'un verbe, il n'y a que

le substantif qui puisse prendre la marque du pluriel, à moins que le sens particulier des mots ne s'y oppose. *Ex.* :

L'armée a envoyé des AVANT-COUREURS, c'est-à-dire des coureurs qui vont *en avant*.

Les ARRIÈRE-SAISONS *sont souvent funestes*, c'est-à-dire les saisons qui sont *en arrière*.

Nous avons dit : à moins que le sens particulier des mots ne s'y oppose ; car dans les composés suivants, par exemple, le substantif lui-même ne prend pas la marque du pluriel :

Un contre-poison, au plur. *des contre-poison*, le sens sens étant : des remèdes *contre le poison*.

Un réveille-matin, au plur. *des réveille-matin*, le étant : des horloges qui réveillent *le matin*.

Au contraire, le substantif, à raison du sens particulier des mots, peut prendre un *s*, même au singulier, comme dans les composés suivants :

*Un essuie-*MAINS, le sens étant : un linge pour essuyer *les mains*.

*Un cure-*DENTS, le sens étant : un instrument pour curer *les dents*.

*Un porte-*CLEFS, le sens étant : celui ou ceux qui portent *les clefs*.

Il va sans dire que si le substantif composé n'est formé que de mots invariables de leur nature, comme adverbes, prépositions, etc., ou même d'un verbe, aucune des parties de ce substantif ne prend la marque du pluriel : *des pour-boire*, *des passe-passe*, *des passe-partout*.

V.

Noms dont le genre offre quelques difficultés.

109. I. Les substantifs suivants sont toujours mas-

culins : *autel, centime, éclair, évangile, exemple, hémisphère, hôtel, incendie, intervalle, légume, monticule, parafe, pétale, pleurs.*

II. Les substantifs suivants sont toujours féminins : *antichambre, argile, arrhes, atmosphère, dinde, écritoire, horloge, paroi, sentinelle, vêpres.*

III. Les substantifs suivants sont tantôt masculins, tantôt féminins :

Aigle est féminin quand il signifie *drapeau, enseigne : les aigles françaises.* Dans tout autre cas, il est masculin.

Automne est des deux genres, mais le masculin est préférable.

Délice et *orgue* sont masculins au singulier et féminins au pluriel : *un délice, de grandes délices; un bel orgue, de belles orgues* (1).

Couple est féminin quand il marque purement et simplement le nombre *deux : Une couple de poulets.* — Il est masculin quand il marque de plus *société, union, affection,* etc. : *Un couple d'amis, un couple de fripons.*

Enfant est masculin quand il désigne un garçon, et féminin quand il désigne une fille. Ainsi une mère dira à son fils : *Mon cher enfant,* et à sa fille : *Ma chère enfant.* Mais au pluriel, *enfant* est tou-

---

(1) Remarquez qu'une phrase où ces substantifs figureraient au masculin et au féminin serait désagréable et vicieuse. Ainsi la suivante serait dans ce cas : *L'orgue de Saint-Marc est un des plus belles orgues qu'on puisse voir.* Il faut alors tourner la phrase de manière que le substantif *orgue* n'y figure qu'au pluriel, et dire : *Les orgues de Saint-Marc sont du nombre des plus belles orgues, etc.*

jours masculin. Une mère qui n'a que des filles dira donc : *Tous mes enfants me sont également chers.*

Foudre est généralement féminin dans le sens de *tonnerre : L'éclat de la foudre.* Il est masculin dans tous les autres cas : *Un foudre de guerre*, c'est-à-dire un grand capitaine; *un foudre d'éloquence*, c'est-à-dire un grand orateur.

Hymne est féminin quand il s'agit d'hymnes qu'on chante à l'église : *Les belles hymnes du bréviaire romain.* Il est masculin dans tous les autres cas : *Un hymne national, des hymnes guerriers.*

Quelque chose est masculin, quand il signifie *une chose : Il a fait quelque chose qui est* IMPRUDENT, c'est-à-dire *une chose.* Il est féminin, quand il signifie *quelle que soit la chose : Quelque chose qu'il ait* DITE *ou* FAITE, *il sera excusé,* c'est-à-dire *quelle que soit la chose qu'il ait dite*, etc.

Gens a ceci de particulier, qu'il veut au féminin les mots qui le précèdent, et au masculin ceux qui le suivent : *Les* VIEILLES *gens sont* SOUPÇONNEUX. Cependant : 1° il veut toujours au masculin l'adjectif *tout*, quand cet adjectif est placé *immédiatement* devant lui, TOUS *les gens de bien;* ou qu'il n'en est séparé que par un adjectif dont la terminaison est la même au masculin et au féminin, comme *aimable, honnête :* TOUS *les* HONNÊTES *gens ;* mais on dirait, en mettant *tout* au féminin, TOUTES *les* BONNES *gens.* — 2° Il veut au masculin tous les mots qui le précèdent et tous ceux qui le suivent, quand il éveille spécialement l'idée d'*hommes*, comme dans *gens de lettres, gens de guerre, gens de robe, gens d'affaires*, etc.

CHAPITRE III.

DE L'ADJECTIF.

I.

Adjectifs qualificatifs.

Dieu saint.

110. RÈGLE I. — L'adjectif s'accorde en genre et en nombre avec le substantif auquel il se rapporte. *Ex.* :

Dieu SAINT ; *la Vierge* SAINTE ; *les temples* SAINTS.

EXCEPTIONS. — 1° L'adjectif *nu* ne change jamais lorsqu'il est placé devant l'un des noms *cou*, *tête*, *bras*, etc., et l'on dit : *aller* NU-*tête*, NU-*bras*, etc. S'il est placé après, il s'accorde comme tous les adjectifs, et l'on dit : *aller la tête* NUE, *les bras* NUS.

2° L'adjectif *demi* ne change jamais non plus lorsqu'il est placé avant le nom, et l'on dit : *une* DEMI-*heure*, *une* DEMI-*livre* ; s'il est placé après le nom, il en prend seulement le genre, et l'on dit : *deux heures et* DEMIE, c'est-à-dire *deux heures et* (une heure) *demie* ; *trois mètres et* DEMI, c'est-à-dire *trois mètres et* (un mètre) *demi*. — Quant au féminin *demie*, il s'emploie comme substantif dans *une demie*, *deux demies*, *trois demies*, etc., et alors il prend la marque du pluriel : *Deux* DEMIES *font un entier*.

3° L'adjectif *feu*, qui n'a pas de pluriel, ne s'accorde pas en genre avec le substantif auquel il se rapporte, s'il en est séparé par un mot quelconque ; mais il s'accorde s'il est placé *immédiatement* avant lui : *La* FEUE *reine*, FEU *ma mère*.

Le père et le fils bons.

111. Règle II. — Lorsqu'un adjectif se rapporte à deux substantifs, on met cet adjectif au pluriel, parce que deux singuliers valent un pluriel. *Ex.* :

Le père et le fils BONS ; *la mère et la fille* BONNES.

Le roi et le berger sont ÉGAUX *après la mort* (et non pas *égal*).

Exceptions. — Lorsque les substantifs sont synonymes, c'est-à-dire qu'ils ont à peu près la même signification, l'adjectif ne s'accorde qu'avec le dernier : *Il a montré une réserve, une retenue* DIGNE *d'éloges ; toute sa vie n'a été qu'un travail, qu'une occupation* CONTINUELLE (1).

2° Lorsque les substantifs sont unis par la conjonction *ou*, l'adjectif ne s'accorde généralement qu'avec le dernier : *Il faut une force ou une adresse* RARE ; *un courage ou une prudence* ÉTONNANTE.

3° Lorsque les substantifs sont unis par *comme, de même que, ainsi que, aussi bien que*, etc., l'adjectif ne s'accorde au contraire qu'avec le premier : *L'autruche a la tête, ainsi que le col,* GARNIE *de duvet.*

Nota. Il y a encore quelques exceptions ; mais comme elles sont plus difficiles à saisir, et qu'elles regardent aussi l'accord du verbe avec son sujet, nous les renvoyons au chapitre du verbe, où nous croyons qu'elles seront mieux comprises.

La mère et le père bons.

112. Règle III. — Lorsqu'un adjectif se rapporte à deux substantifs de différents genres, l'adjectif prend

---

(1) Quand les substantifs sont synonymes, on ne doit pas les unir généralement par la conjonction *et*.

le plus noble des deux genres (le masculin est plus noble que le féminin). *Ex.* :

La mère et le père **BONS**; *la vertu et le vice* **OPPOSÉS**.

REMARQUEZ que, lorsque l'adjectif a une terminaison particulière pour chaque genre, comme *bon*, fém. *bonne*, *mauvais*, fém. *mauvaise*, l'oreille exige généralement qu'on énonce le substantif masculin le dernier. Ainsi il faut dire : *La mère et le père bons*, et non pas *le père et la mère bons* ; *une prudence et un courage étonnants*, et non pas *un courage et une prudence étonnants*.

Les hommes sourds-muets lisent et écrivent.

113. **RÈGLE IV.** — Lorsqu'un adjectif est composé de deux mots, il est variable ou invariable, selon les mots dont il est formé :

1° Si l'adjectif composé est formé de deux adjectifs ou d'un participe et d'un adjectif, comme *sourd-muet*, *aveugle-né*, *ivre-mort*, *mort-né*, etc., ils s'accordent tous les deux avec le substantif. *Ex.* :

Les hommes **SOURDS-MUETS** *lisent et écrivent* ; *des enfants* **MORTS-NÉS** ; *des hommes* **IVRES-MORTS**.

REMARQUEZ que si le premier adjectif est l'un de ces mots *mi*, *demi*, *semi*, ce mot reste toujours invariable : *Des peuples* **DEMI-BARBARES**.

2° Si l'adjectif composé est formé de deux adjectifs ou d'un participe et d'un adjectif, dont le premier soit employé adverbialement, comme *nouveau-né*, *clair-semé*, *court-vêtu*, etc., qui sont pour *nouvellement né*, *clairement semé*, *courtement vêtu*, le second adjectif seulement s'accorde avec le substantif. *Ex.* :

Les cheveux de cet enfant sont CLAIR-SEMÉS ; *les enfants* COURT-VÊTUS *sont plus agiles.*

REMARQUEZ que *frais-cueilli* et *tout-puissant,* qui sont pour *fraîchement cueilli* et *tout à fait puissant,* font cependant *fraîche-cueillie, toute-puissante,* etc., par raison d'euphonie.

3° Si l'adjectif composé est formé de deux adjectifs dont le premier soit employé substantivement, comme *châtain-clair, bleu-foncé, bleu-clair, gros-vert, rose-tendre,* etc., ils ne s'accordent ni l'un ni l'autre avec le substantif. *Ex. :*

Cet enfant a des cheveux CHATAIN-CLAIR, c'est-à-dire d'un châtain clair ; *il a des habits* BLEU-FONCÉ, c'est-à-dire d'un bleu foncé (1).

4° Si l'adjectif composé est formé d'un mot invariable et d'un adjectif ou participe, comme *avant-dernier, mal-avisé,* etc., l'adjectif ou le participe seulement s'accorde avec le substantif. *Ex. :*

Ces deux frères sont toujours les derniers ou les AVANT-DERNIERS ; *ils sont* MAL-AVISÉS.

Souvent les mensonges coûtent cher.

114. RÈGLE V. — Lorsqu'un adjectif est pris adverbialement, c'est-à-dire pour qualifier un verbe, il est toujours invariable. *Ex. :*

Souvent les mensonges coûtent CHER ; *ces roses sentent* BON.

REMARQUEZ, sur les adjectifs qualificatifs : 1° que la place à donner à ces adjectifs ne peut être déterminée que par le goût et l'usage : les uns se placent

(1) On voit facilement dans ce cas la raison pour laquelle l'accord n'a pas lieu.

devant le nom auquel ils se rapportent, comme *beau jardin, grand arbre;* les autres ne se placent qu'après, comme *habit rouge, table ronde;* un grand nombre se placent à volonté avant ou après, comme *un vénérable vieillard, un vieillard vénérable;* d'autres, enfin, ont une signification toute différente, selon qu'ils sont avant ou après. Ainsi :

Un brave homme, veut dire un homme *probe*; — *un homme brave*, veut dire un homme qui a de la *bravoure*.

Un grand homme, veut dire un homme *distingué par son mérite*; — *un homme grand*, veut dire un homme d'une *grande taille*.

La différence n'est pas moins sensible entre *honnête homme* et *homme honnête*, *pauvre homme* et *homme pauvre, etc.*

Remarquez 2º que, quelle que soit la place d'un adjectif, il doit toujours se rapporter d'une manière claire et non équivoque au substantif qu'il qualifie.

II.

Adjectifs numéraux.

Cet élève n'a pas encore ses *quinze* ans.

115. Règle. — Les adjectifs numéraux cardinaux ne prennent point la marque du pluriel. *Ex.* :

Cet élève n'a pas encore ses QUINZE *ans.*

Nos troupes firent cinq MILLE *prisonniers.*

Exceptions. — *Vingt* et *cent* prennent un *s* au pluriel, lorsqu'ils sont précédés de l'un des adjectifs numéraux *deux, trois, quatre, cinq, six, sept, huit, neuf*. Ex. :

Quatre-vingts-hommes ; six cents chevaux.

Cependant *vingt* et *cent* sont invariables : 1° s'ils sont suivis d'un autre adjectif numéral, comme dans *quatre-vingt-*CINQ, *six cent* DIX ; 2° s'ils sont employés par abréviation, pour *vingtième*, *centième*, comme dans *numéro deux cent, l'an cinq cent, chapitre quatre-vingt, page trois cent, etc.*

REMARQUEZ, sur l'adjectif numéral *mille*, qu'il s'écrit de deux manières : *mille* et *mil*. On écrit *mil* pour désigner les années écoulées ou qui s'écouleront depuis la naissance de J. C. jusqu'à l'an 1999 : hors de là, on écrit toujours *mille*. Ainsi l'on écrira : *l'an* MIL *huit cent quarante-huit* ; — mais on écrira : *L'an deux* MILLE *huit cent quarante-huit* (avant J. C.), et *l'an deux* MILLE *huit cent quarante-huit* (après J. C.) [1].

III.

Adjectifs possessifs.

J'ai mal à la tête.

116. RÈGLE I. — Les adjectifs possessifs se remplacent généralement par l'article devant un substantif, toutes les fois que le sens indique assez clairement à qui appartient l'objet marqué par ce substantif. *Ex.* :

J'ai mal à LA *tête*, et non pas *j'ai mal à* MA *tête*, parce que le sens indique assez clairement qu'il s'agit de la tête de celui qui parle.

---

(1) Il va sans dire que si *mille* représente, non pas un *nombre*, mais *une mesure de chemin*, il prend la marque du pluriel, étant alors substantif commun : *Trois milles d'Angleterre font un peu plus d'une lieue de France.* — *Million* et *milliard*, étant des substantifs communs, prennent la marque du pluriel.

Pierre s'est cassé LE *bras*, et non pas *s'est cassé* SON *bras*, parce que le sens indique assez clairement qu'il s'agit du bras de Pierre.

REMARQUEZ cependant que, pour désigner quelque chose *d'habituel, de périodique, de connu,* on emploie l'adjectif possessif. Ainsi une personne qui est sujette à la migraine dira : *J'ai* MA *migraine aujourd'hui.* — De même une personne qu'on saura affectée d'un mal au bras, à la jambe, etc., dira : *Je souffre de* MON *bras, de* MA *jambe.*

Paris est beau, j'en admire les bâtiments.

117. RÈGLE II. — Les adjectifs possessifs se remplacent par *l'article* et le pronom *en*, toutes les fois que l'objet marqué par le substantif qu'ils accompagnent appartient à un nom de chose inanimée. *Ex.* :

*Paris est beau, j'*EN *admire* LES *bâtiments,* et non pas *Paris est beau, j'admire* SES *bâtiments,* parce que le substantif *bâtiments,* qu'accompagne l'adjectif possessif *ses,* appartient à *Paris,* qui est un nom de chose inanimée.

J'habite la campagne ; LES *agréments* EN *sont sans nombre,* et non pas SES *agréments sont sans nombre,* par la même raison que dans l'exemple précédent.

Cependant on fait usage des adjectifs possessifs : 1° toutes les fois que le nom de chose inanimée est le sujet du membre de phrase où se trouve le substantif qui lui appartient : *La Seine a sa source en Bourgogne ;* 2° toutes les fois que le substantif qui appartient à un nom de chose inanimée est précédé d'une préposition quelconque : *Paris est beau, j'admire le grand nombre* DE SES *édifices.*

Ces maîtres aiment leurs élèves.

118. **Règle III.** — L'adjectif possessif *leur* s'accorde en nombre, comme tous les adjectifs, avec le nom auquel il se rapporte. *Ex. :*

Ces maîtres aiment LEURS ÉLÈVES, *mais ils n'aiment pas* LEURS DÉFAUTS.

Remarquez qu'on ne sait souvent s'il faut mettre l'adjectif *leur,* ainsi que le nom auquel il se rapporte, au singulier ou au pluriel. Or il y a un moyen facile de ne pas se tromper : tournez toujours *leur* par *d'eux, d'elles,* et si, en tournant ainsi, le substantif demande devant lui l'article *les,* mettez *leurs* au pluriel; s'il ne demande que l'article *le* ou *la,* mettez *leur* au singulier. Ainsi, dans l'exemple précédent : *Ces maîtres aiment leurs élèves, mais ils n'aiment pas leurs défauts,* il faut un *s* à *leurs,* parce qu'en le tournant par *d'eux,* on obtient : *Ces maîtres aiment* LES *élèves d'eux, mais ils n'aiment pas* LES *défauts d'eux.*

Dans ces autres exemples, au contraire : *Je loue* LEUR *courage ; je plains* LEUR *sort,* il ne faut pas d'*s* à *leur,* parce qu'en le tournant par *d'eux,* on obtient : *Je loue* LE *courage d'eux,* et non pas *les courages d'eux; je plains* LE *sort d'eux,* et non pas *les sorts d'eux.*

IV.

Adjectifs indéfinis.

Aucun peuple n'est poli comme les Français.

119. **Règle I.** — Les adjectifs indéfinis *aucun* et *nul* ne prennent pas la marque du pluriel. *Ex. :*

Aucun *peuple n'est poli comme les Français,* et non pas *aucuns peuples* avec un *s.*

EXCEPTIONS. — 1° *Aucun* et *nul* prennent forcément la marque du pluriel, quand ils accompagnent des substantifs qu'on ne peut employer qu'au pluriel, soit parce que ces substantifs n'ont pas de singulier, comme *annales, pleurs, ancêtres, frais, funérailles, gens*, etc., soit parce qu'ils ont un autre sens au pluriel qu'au singulier, comme *gages, devoirs, troupes*, etc.

On ne vous fera AUCUNS *frais ; vous n'avez* NULLES *entrailles pour vos enfants.*

On ne lui a rendu AUCUNS *devoirs ; on ne lui donne* AUCUNS *gages.*

2° *Nul* prend la marque du pluriel, comme tous les adjectifs, quand il est placé après son substantif : *Un acte nul, des actes* NULS.

Ces deux frères ont les mêmes habitudes.

120. RÈGLE II. — L'adjectif *même* s'accorde en nombre, comme tous les adjectifs, avec le substantif ou le pronom auquel il se rapporte. *Ex. :*

Ces deux frères ont les MÊMES *habitudes ; ils en conviennent* EUX-MÊMES ; *les étrangers* MÊMES *s'en aperçoivent.*

REMARQUEZ qu'il ne faut pas confondre *même*, adjectif, avec *même*, adverbe, qui ne prend jamais d'*s*. On reconnaît que *même* est adverbe quand on peut le tourner par *aussi*, *encore*, *et même*, comme dans les phrases suivantes : *Non content de nous gronder, il nous a* MÊME *battus*, c'est-à-dire *il nous a* ENCORE *battus ; — ils ont commis des fautes énormes,* MÊME *impardonnables*, c'est-à-dire et MÊME *impardonnables ; mes prières, mes larmes* MÊME, *n'ont pu l'attendrir*, c'est-à-dire *mes prières*, ET MÊME *mes larmes, etc.*

Quelques services que vous rendiez.

121. **Règle III.** — L'adjectif *quelque* s'accorde en nombre, comme tous les adjectifs, avec le substantif auquel il se rapporte. *Ex.* :

QUELQUES *services que vous rendiez;* QUELQUES *richesses que vous ayez.*

Remarquez qu'il ne faut confondre *quelque*, adjectif, ni avec *quelque*, adverbe, ni avec *quel que*, locution composée de deux mots, *quel*, adjectif, et *que*, conjonction. Or il est facile de les distinguer les uns des autres :

1° *Quelque* est adjectif toutes les fois qu'il est placé devant un SUBSTANTIF ; alors il s'accorde et s'écrit en un seul mot, comme on peut le voir dans les exemples cités.

2° *Quelque* est adverbe, toutes les fois qu'il est placé devant un ADJECTIF, un PARTICIPE, ou un ADVERBE ; alors il ne s'accorde jamais et s'écrit en un seul mot. *Ex.* :

Quelque PUISSANTS *qu'ils soient; quelque* ADROITEMENT *qu'ils s'y prennent ; quelque* RESPECTÉS *que nous soyons.*

Cependant, si *quelque* est devant un adjectif qui se trouve suivi d'un substantif, comme dans cette phrase : *quelques* GRANDES RICHESSES *que vous possédiez*, QUELQUE est tantôt adjectif et tantôt adverbe : il est adjectif et s'accorde avec le substantif, quand on peut retrancher l'adjectif sans dénaturer le sens; il est adverbe et reste invariable, quand on ne peut retrancher l'adjectif sans dénaturer le sens. Ainsi l'on écrira, en mettant un *s* à *quelque* : *Quelques* GRANDES RICHESSES *que vous possédiez,* parce qu'on peut dire:

quelques richesses que vous possédiez. Mais on écrira, sans mettre un *s* à *quelque* : *Quelque* BONS TRADUCTEURS *que vous soyez tous, vous ne traduirez jamais bien Démosthènes*, parce qu'on ne peut dire : *quelques traducteurs que vous soyez, etc.*

3° *Quel que* est une locution composée de deux mots, *quel*, adjectif indéfini, et *que*, conjonction, toutes les fois qu'il est placé devant un VERBE : alors *quel* s'accorde en genre et en nombre avec le sujet du verbe, et *que*, conjonction, reste invariable :

Quel que SOIT *votre pouvoir, quels que* SOIENT *vos moyens, quelle que* SOIT *votre force, quelles que* SOIENT *vos richesses, vous ne devez pas vous enorgueillir.*

Tous les hommes sont pécheurs.

122. RÈGLE IV. — L'adjectif *tout* s'accorde, comme les autres adjectifs, en genre et en nombre avec le substantif auquel il se rapporte. *Ex.* :

TOUS *les hommes sont pécheurs.*

TOUTES *les bontés de Dieu devraient nous toucher.*

REMARQUEZ qu'il ne faut pas confondre *tout*, adjectif, avec *tout*, adverbe, qui est toujours invariable :

1° *Tout* est adjectif quand il se rapporte à un nom et qu'on peut le remplacer par *chaque*, *la totalité*, *en totalité*, *etc.*, comme on peut le voir dans les exemples cités.

2° *Tout* est adverbe quand il se rapporte à un adjectif, à un participe ou à un adverbe, et qu'on peut le tourner par *tout à fait, quelque, si, quoique, etc.*

TOUT *savants qu'ils sont, ils ignorent cependant*

bien des choses, c'est-à-dire *si savants*, *quelque savants qu'ils soient, etc.*

Cette femme était TOUT *éplorée*, c'est-à-dire *tout à fait éplorée.*

Cependant *tout*, quoique adverbe, s'accorde en genre et en nombre, quand il est placé devant un adjectif féminin commençant par une consonne ou une *h* aspirée. *Elles sont toutes* STUPÉFAITES, *toutes* HONTEUSES.

SYNTAXE DES COMPLÉMENTS DES ADJECTIFS,

OU MANIÈRE DE JOINDRE AUX ADJECTIFS LEURS COMPLÉMENTS.

Avide de louanges.

123. RÈGLE I. — Parmi les adjectifs, les uns veulent leurs compléments avec *à*, les autres avec *de*, les autres avec *dans*, etc. *Ex.* :

Avide DE *louanges*; *semblable* A *son père*; *habile* DANS *la musique.*

Cet homme est utile et cher à sa famille.

124. RÈGLE. II. — Un substantif peut être employé comme complément de deux adjectifs, pourvu que ces adjectifs ne veuillent pas des prépositions différentes. *Ex.* :

Cet homme est UTILE *et* CHER *à sa famille.*

Cette phrase est correcte, parce que les adjectifs *utile* et *cher* veulent la même préposition, et qu'on dit *utile à* et *cher à*.

Mais on ne pourrait pas dire : *Cet homme est* UTILE *et* CHÉRI *de sa famille*, parce qu'on dit *utile à* et *chéri de.* Il faudrait dire, pour être correct, en donnant à chaque adjectif son complément : *Cet homme est utile à sa famille et* EN *est chéri.*

CHAPITRE IV.

DU PRONOM.

I.

Des Pronoms en général.

Pratiquez la vertu : elle rend heureux.

125. Règle i.—Les pronoms s'accordent en genre et en nombre avec le substantif dont ils tiennent la place. *Ex. :*

Pratiquez la vertu : ELLE *rend heureux.*
Ces livres sont LES MIENS.

Remarquez que les pronoms suivent toutes les règles d'accord du substantif et de l'adjectif. C'est pourquoi l'on dira :

Mon frère AUQUEL *je parle ; ma sœur* A LAQUELLE *je parle ; mes frères* AUXQUELS *je parle ; mes sœurs* AUXQUELLES *je parle.*

Mon père et ma mère QUE *j'aime ; la vertu et le vice* QUI *sont opposés* (*que* et *qui* au pluriel, parce que deux singuliers valent un pluriel).

Cet élève a montré une réserve, une retenue A LAQUELLE *tout le monde donne des éloges* (l'accord n'a lieu qu'avec le dernier substantif, *réserve* et *retenue* étant synonymes).

Il faut un courage ou une prudence A LAQUELLE *nul homme ne peut espérer d'atteindre* (l'accord n'a lieu également qu'avec le dernier substantif, *courage* et *prudence* étant unis par la conjonction *ou*).

Je sais demander un conseil, et le suivre.

126. Règle ii. — Les pronoms ne peuvent généralement tenir la place d'un substantif, que lorsqu'il est déterminé, c'est-à-dire précédé de l'article ou d'un adjectif, comme *un*, *mon*, *ton*, *ce*, *cet*, etc. Ainsi l'on peut dire :

Je sais demander UN CONSEIL, *et* LE *suivre.*

Je vous accorde VOTRE GRACE, *et* ELLE *est méritée.*

Quand on a LA SANTÉ, *il faut tout faire pour* LA *conserver.*

Mais on ne pourrait pas dire : *Je sais demander* CONSEIL, *et* LE *suivre; je vous fais* GRACE, *et* ELLE *est méritée; quand on est en* SANTÉ, *il faut tout faire pour* LA *conserver*, parce que les substantifs CONSEIL, GRACE, SANTÉ, ne sont plus précédés de l'article ni d'aucun adjectif. — De même, on ne pourrait pas représenter par un pronom les substantifs qui se trouvent dans *faire réponse*, *faire peur*, *avoir pouvoir*, *avoir droit*, *avoir permission*, *avoir confiance*, *demander pardon*, *mettre en mer*, *être en voiture*, *être en campagne*, etc. Il faut alors ou construire la phrase de manière que le substantif soit précédé de l'article ou d'un adjectif, ou bien prendre un autre tour.

Virgile, dans ce qu'il a de beau, a imité Homère.

127. Règle iii. — Les pronoms doivent toujours se rapporter sans équivoque au substantif dont ils tiennent la place. Ainsi, il faut dire :

*Virgile, dans ce qu'*IL *a de beau, a imité Homère.*

*Ce jeune homme va rejoindre son père à Paris, parce qu'*IL *espère y avoir une place.*

Mais on ne pourrait pas dire : *Virgile a imité Homère dans ce qu'*IL *a de beau ; ce jeune homme va rejoindre son père à Paris, où* IL *espère avoir une place,* parce qu'on ne saurait plus si le pronom IL se rapporte à *Virgile* ou à *Homère,* au *jeune homme* ou *au père.*

REMARQUEZ qu'un *même* pronom ne doit pas généralement, dans une *même* phrase, tenir la place de substantifs *différents,* parce qu'alors il pourrait y avoir lieu plus ou moins à l'équivoque. Ainsi, on ne dira pas : *Salomon offrit un sacrifice à Dieu, et* IL *lui fut si agréable, qu'*IL *exauça la prière qu'*IL *lui avait adressée,* parce que le même pronom *il* tiendrait la place de trois substantifs *différents.* Il faut prendre un autre tour, et dire, par exemple : *Salomon offrit un sacrifice à Dieu ; ce sacrifice lui fut si agréable, qu'il exauça la prière que le roi lui avait adressée.* De même, on ne dira pas : ON *aperçoit dans cet ouvrage un certain mystère qu'*ON *tâche de vous cacher,* parce que le premier *on* se rapporte *au lecteur,* et le second à *l'auteur.* Il faut dire : *Vous apercevez dans cet ouvrage,* ou bien *le lecteur aperçoit dans cet ouvrage,* etc.

II.

Pronoms personnels.

Mon fils, *vous serez estimé*, si vous êtes *sage*.

128. RÈGLE I. — Le pronom personnel *vous,* employé pour *tu,* veut le verbe au pluriel ; mais l'adjectif ou le participe qui s'y rapporte reste au singulier. *Ex. :*

Mon fils, VOUS *serez* ESTIMÉ, *si vous êtes* SAGE, sans *s* ni à *estimé* ni à *sage*.

REMARQUEZ qu'il en est de même du pronom personnel *nous,* qu'on emploie aussi quelquefois pour *je* ou *moi*. C'est ainsi qu'un évêque, parlant en son nom, dit à ses fidèles : NOUS *sommes* SATISFAIT *de vos progrès dans la vertu,* sans *s* à *satisfait*. — C'est ainsi encore qu'un personnage, parlant de lui-même, dit dans Racine : *Mais* NOUS-MÊME *allons, précipitons nos pas*, sans *s* à *même*.

On ne doit jamais parler de soi.

129. RÈGLE II. — Le pronom personnel *soi* ne doit jamais s'employer que quand le sujet de la phrase est ou un pronom indéfini, comme *on*, *chacun*, *quiconque*, *personne*, etc., ou un nom de chose, ou un infinitif. *Ex.* :

ON *ne doit jamais parler de* SOI; CHACUN *songe à* SOI.

L'AIMANT *attire le fer à* SOI; CES CHOSES *sont indifférentes de* SOI.

N'AIMER *que* SOI, *c'est être mauvais citoyen.*

Quand le sujet est un nom de personne, on emploie généralement *lui, elle,* etc., au lieu de *soi* : *Cet homme ne songe qu'à* LUI.

REMARQUEZ qu'on se sert pourtant du pronom *soi,* lors même que le sujet de la phrase est un nom de personne, pour éviter une équivoque. Ainsi l'on dira : LE MAÎTRE *qui enseigne la grammaire à mon frère, lui donne tous les jours chez* SOI *une leçon;* — *chez lui* serait équivoque.

Je lui donnerai un livre.

130. RÈGLE III. — Les pronoms personnels *lui*,

leur, eux, elle, elles, ne doivent en général s'employer comme compléments indirects, que quand ils tiennent la place de noms de personnes. *Ex. :*

Je LUI *donnerai un livre ; je* LEUR *écrirai.*

Quand il s'agit de noms de choses, on se sert des pronoms *en, y.* Ainsi l'on dira : *Voici un lit, jetez-vous-*Y, et non pas *jetez-vous* SUR LUI ; — *Cette maison menace ruine, n'*EN *approchez point*, et non pas *n'approchez point* D'ELLE.

REMARQUEZ 1° que si les pronoms *en, y,* ne peuvent entrer dans la phrase, ou bien l'on prend un autre tour, ou bien l'on se sert à la rigueur des pronoms *lui, leur,* surtout s'il s'agit de noms d'animaux ou de plantes. Ainsi on pourra dire :

Pour que ces oiseaux ne s'envolent point, je LEUR *coupe les ailes ; ces chevaux sont rendus, donnez-*LEUR *l'avoine.*

Ce torrent entraîne tout avec LUI ; *j'aime tant la vertu, que je sacrifierais tout pour* ELLE.

REMARQUEZ 2° que les pronoms *lui, eux, etc.,* placés après le verbe *être*, comme dans les exemples que nous allons citer, se remplacent par *le, la, les,* quand il s'agit de noms de choses. *Ex. :*

Ce livre est-il le vôtre? Oui, ce L'*est,* et non pas *c'est lui ;—ces livres sont-ils les vôtres ? Oui, ce* LES *sont,* et non pas *ce sont eux.*

Ma sœur, êtes-vous malade ? Oui, je le suis.

131. RÈGLE IV. — Le pronom *le* ne prend ni genre ni nombre, c'est-à-dire qu'il fait toujours *le,* quand il tient la place d'un adjectif, ou d'un substantif employé comme adjectif, c'est-à-dire *non précédé de l'article.* Ainsi dites :

Ma sœur, êtes-vous MALADE? *Oui, je* LE *suis,* et non pas *je* LA *suis,* parce que *le* tient la place d'un adjectif. C'est comme s'il y avait : Oui, je suis *cela*, MALADE.

Messieurs, êtes-vous MINISTRES? *Oui, nous* LE *sommes*, et non pas *nous* LES *sommes.* C'est comme s'il y avait : Oui, nous sommes *cela,* MINISTRES.

Mais si le pronom *le* tient la place d'un substantif, ou même d'un adjectif employé comme substantif, c'est-à-dire *précédé de l'article,* alors il en prend le genre et le nombre, c'est-à-dire qu'il peut faire *la* ou *les.* Ainsi l'on dira : *Êtes-vous* LES MINISTRES? *Oui, nous* LES *sommes;—Êtes-vous* LA MALADE? *Oui, je* LA *suis*, parce qu'ici le pronom tient la place d'un adjectif *précédé de l'article.*

REMARQUEZ que parmi les pronoms personnels, il y en a qui sont toujours compléments directs, d'autres qui sont toujours compléments indirects, et d'autres enfin qui sont tantôt compléments directs, et tantôt compléments indirects.

1° Sont tantôt compléments directs et tantôt compléments indirects, les pronoms *me, te, se, lui, nous, vous* (1), et le mot auquel ils servent ainsi de complément est ordinairement un verbe. Ils sont compléments indirects quand ils sont pour *à moi, à toi, à lui, à eux, à nous, à vous : Il* M'*a obéi*, c'est-à-dire *il a obéi à moi; je* VOUS *ai donné un livre*, c'est-à-dire *j'ai donné à vous ; il* SE *nuit,* c'est-à-dire *il nuit à lui; vous* LUI *direz,* c'est-à-dire *vous direz à lui.* Ils sont compléments directs quand ils sont pour *moi, toi, lui, eux, nous, vous : Vous* ME

(1) *Nous, vous,* s'emploient aussi comme sujets.

louez, c'est-à-dire *vous louez moi*; *vous* NOUS *favorisez*, c'est-à-dire *vous favorisez nous*; *l'orgueilleux* SE *loue*, c'est-à-dire *loue lui* : *cet homme n'aime que* LUI. — Ils peuvent aussi être compléments d'un adjectif : *Cela* NOUS *sera utile*, c'est-à-dire *sera utile à nous*.

2° Sont toujours compléments indirects les pronoms *leur*, *en*, *y*, de la manière suivante :

Leur est complément indirect du mot de la phrase après lequel on peut mettre par interrogation, *à qui? à quoi?* Ce mot est ou un verbe, ou un adjectif. *Ex.* : *Vous* LEUR *direz* (on peut demander *direz à qui?* Réponse : *à eux*; *leur* est donc le complément indirect de *direz*). — *Cela* LEUR *est facile* (on peut demander *facile à qui?* Réponse : *à eux*; *leur*, qui tient la place de *à eux*, est donc le complément de *facile*).

En est complément indirect du mot de la phrase après lequel on peut mettre par interrogation *de qui? de quoi?* Ce mot est ou un verbe, ou un adjectif, ou un nom : *J'ai vu votre maison, et j'*EN *ai admiré la beauté* (on peut demander *la beauté de quoi?*) — *Vous* EN *êtes bien content* (on peut demander *content de quoi?*) — *J'aime cet enfant, et j'*EN *suis aimé* (on peut demander *aimé de qui?*)

Y est toujours complément indirect soit d'un verbe qui suit : *L'affaire est très-importante, j'*Y *donnerai mes soins*, c'est-à-dire *je donnerai mes soins à elle*; — soit d'un adjectif : *J'*Y *serai fidèle*, c'est-à-dire je serai fidèle *à cela*.

3° Sont toujours compléments directs les pronoms *le*, *la*, *les*, et le mot auquel ils servent ainsi de complément est toujours le verbe qui suit : *Je vous ai promis un livre, je vous* LE *donnerai*, c'est-à-dire *je vous donnerai lui*; — *Je ne* LE *ferai pas*, c'est-à-dire *je ne ferai pas cela*; — *Cette lettre est plus intéressante que je ne* L'*avais cru*, c'est-à-dire *que je n'avais cru cela*, ou bien *que je n'avais cru qu'elle était intéressante.*

On voit par ce dernier exemple que L' *avec apostrophe* tient quelquefois la place non pas d'un nom, mais de *cela*, ou bien de *tout un membre de phrase* qui est sous-entendu. Dans ce cas, *l'* est toujours invariable, c'est-à-dire du masculin singulier.

III.

Pronoms possessifs.

Votre maison est plus belle que la nôtre.

132. RÈGLE. — Les pronoms possessifs ne doivent jamais s'employer pour tenir la place d'un substantif, que quand ce substantif est exprimé *précédemment* dans la phrase. Ainsi l'on peut dire :

Votre MAISON *est plus belle que* LA NÔTRE.

Vos ARBRES *sont mieux taillés que* LES SIENS.

Mais il ne faut pas dire en écrivant une lettre, par exemple : *En réponse à* LA MIENNE *du mois dernier*, LA VÔTRE *m'annonce que*, *etc.*; parce que les pronoms *la mienne*, *la vôtre*, tiendraient la place d'un substantif qui n'est pas exprimé. Il faut dire, pour être correct : *En réponse à ma lettre*, LA VÔTRE *m'annonce que*, *etc.* (1).

(1) Ne dites pas non plus : *J'ai reçu votre honorée*, mais bien, *j'ai reçu votre lettre*, ou tout au moins, *j'ai reçu votre honorée lettre.* — C'est également une faute de dire : *Celle-ci est pour vous informer que*, etc.; dites : *cette lettre est pour vous informer que.* Cependant, dans le commerce, on se permet ces licences.

REMARQUEZ que si les pronoms possessifs sont employés substantivement, comme dans cette phrase : LE MIEN *et le* TIEN *sont la source de toutes les querelles*, la règle précédente n'est plus applicable.

IV.

Pronoms démonstratifs.

Je préfère *celui-ci*, et vous *celui-là*.

133. RÈGLE. — Les pronoms démonstratifs *celui-ci, celle-ci, ceci, etc.*, et *celui-là, celle-là, cela, etc.*, ne s'emploient pas indifféremment :

Celui-ci, celle-ci, ceci, s'emploient pour désigner les objets qui sont les plus proches, ou bien dont on a parlé en dernier lieu ; — *celui-là, celle-là, cela,* s'emploient pour désigner les objets qui sont les plus éloignés, ou bien dont on a parlé en premier lieu. *Ex. :*

Je préfère CELUI-CI (l'objet le plus proche), *et vous* CELUI-LA (l'objet le plus éloigné).

Héraclite et Démocrite étaient d'un caractère bien différent : CELUI-CI (le dernier dont on a parlé, c'est-à-dire Démocrite) *riait toujours ;* CELUI-LA (le premier dont on a parlé, c'est-à-dire Héraclite), *pleurait sans cesse.*

REMARQUEZ, sur le pronom démonstratif *ce*, qu'en général on doit toujours préférer *c'est* à *est* dans les sortes de phrases suivantes :

Ce qui me chagrine le plus, C'EST *la mauvaise santé de mon père*, et non pas *est la mauvaise santé de mon père.*

Ce que j'espère, C'EST *que je vivrai éternellement,* et non pas *est que je vivrai, etc.*

Ce qui me console, C'EST *que....*

Le plus sûr moyen d'avoir des amis, C'EST *d'être bon et obligeant.*

La véritable noblesse, C'EST *la vertu.*

Payer ses dettes, C'EST *s'enrichir.*

Dans ce dernier exemple, et dans tous les exemples semblables où le verbe *être* se trouve entre deux infinitifs, l'emploi de *c'est* est de rigueur. Il en est de même quand le verbe *être* est suivi d'un nom pluriel. Ainsi, il faut dire : *Ce que vous dites-là, ce sont des puérilités,* et non pas *sont des puérilités.*

V.

Pronoms indéfinis.

Mettez ces livres chacun à sa place.

134. Règle I. — Le pronom indéfini *chacun*, précédé d'un nom pluriel, demande à être suivi tantôt de *leur, leurs,* et tantôt de *son, sa, ses.*

Il demande *son, sa, ses*, quand il est placé après le complément direct du verbe. *Ex.* :

Mettez CES LIVRES *chacun à* SA *place; ils apportèrent* DES OFFRANDES *chacun selon* SES *moyens.*

Il demande *leur, leurs*, quand il est placé, au contraire, avant le complément direct, ou bien quand le verbe n'a point ou ne saurait avoir de complément direct. *Ex.* :

Ils ont apporté chacun LEURS OFFRANDES; *ils ont rempli chacun* LEUR DEVOIR ; *ces généraux commandaient chacun* LEUR JOUR.

REMARQUEZ qu'il ne faut pas employer *chaque* pour *chacun; chaque* est toujours adjectif, et veut toujours être suivi d'un substantif. Ne dites donc pas :

Ces volumes coûtent cinq francs CHAQUE, mais *cinq francs* CHACUN.

A la mort on est égaux.

135. RÈGLE II. — Le pronom indéfini *on*, qui est masculin et singulier de sa nature, devient féminin ou pluriel quand il tient évidemment la place d'un nom féminin ou pluriel; alors l'adjectif ou le participe qui s'y rapportent se mettent au féminin ou au pluriel. *Ex.* :

A la mort, ON *est* ÉGAUX (il s'agit évidemment de plusieurs).

ON *n'est pas heureux lorsqu'*ON *s'aime, et qu'*ON *est* SÉPARÉS.

Ma fille, quand ON *est* GAGÉE, ON *n'est pas* MAÎTRESSE *de ses actions.*

REMARQUEZ qu'on emploie souvent *l'on* au lieu de *on*, surtout après les mots *et, ou, si*, pour éviter des consonnances un peu dures. Ainsi dites : *si l'on vous interroge*, et non *si on vous interroge*. En cela, c'est l'oreille qui doit décider.

L'un et l'autre furent de grands généraux.

136. RÈGLE III. — Les pronoms indéfinis *l'un et l'autre* et *l'un l'autre* ne doivent pas se confondre ensemble.

L'un et l'autre, au pluriel *les uns et les autres*, indique purement et simplement qu'il s'agit de deux ou plusieurs personnes, de deux ou plusieurs choses. Ainsi l'on dira, en parlant de César et d'A-xandre :

L'UN ET L'AUTRE *furent de grands généraux.*

L'un l'autre, au pluriel *les uns les autres*, n'indique pas simplement qu'il s'agit de deux ou plusieurs personnes, de deux ou plusieurs choses : mais il marque de plus que ces personnes ou ces choses agissent réciproquement les unes sur les autres, qu'elles s'aiment, qu'elles s'estiment, qu'elles s'aident mutuellement, etc., etc. Ainsi l'on dira :

Racine et Boileau s'estimaient **L'UN L'AUTRE.**

Ils ne s'aiment **NI L'UN NI L'AUTRE** ; *ils se haïssent* **L'UN L'AUTRE** (s'il s'agit de deux) ; *ils se haïssent* **LES UNS LES AUTRES** (s'il s'agit de plus de deux).

VI.

Pronoms relatifs.

Moi qui ai vu, toi qui as vu.

137. **Règle I.** — Le pronom relatif s'accorde en genre, en nombre et en personne avec son antécédent. *Ex.* :

Moi **QUI AI** *vu ; toi* **QUI AS** *vu ; nous* **QUI AVONS** *vu, vous* **QUI AVEZ** *vu ; eux* **QUI ONT** *vu.*

On ne pourrait pas dire : *C'est moi qui* **A** *vu ; c'est toi qui* **S'EST** *trompé ; c'est vous qui* **JOUE** *maintenant, etc.*

Remarquez 1° que lorsqu'un pronom de la première ou de la seconde personne est suivi d'un relatif dont il est séparé par un adjectif, le pronom relatif a pour antécédent tantôt le *pronom personnel*, et tantôt *l'adjectif*. Il a pour antécédent l'adjectif, et par conséquent il est de la troisième personne, toutes les fois que cet adjectif est pris substantivement, c'est-à-dire *qu'il est précédé de l'article*. Ainsi l'on dira :

Nous étions **LES DEUX** *qui* **ÉTAIENT** *du même avis ;*

— *Nous sommes* LES TROIS *qui* ONT *échappé au naufrage;* — *Vous êtes* LE PREMIER *qui* AIT *osé faire une pareille entreprise.* — Mais on dira :

Nous étions DEUX *qui* ÉTIONS *du même avis;* — *Nous sommes* TROIS *qui* AVONS *échappé au naufrage, etc.;* parce que, dans ces exemples, c'est le pronom personnel qui sert d'antécédent, l'adjectif n'étant plus précédé de l'article.

REMARQUEZ 2° que le pronom relatif doit toujours être rapproché, autant que possible, de son antécédent, et construit de manière qu'il n'y ait aucune équivoque. Ainsi dites : *Je vous envoie, par mon domestique, un* CHIEN *qui a les oreilles coupées*, et non pas, *je vous envoie un* CHIEN, *par mon domestique,* QUI *a les oreilles coupées.*

Il peut arriver que, tout en rapprochant le pronom relatif, autant que possible, de son antécédent, il y ait encore équivoque : alors on remplace *qui* par *lequel, laquelle*, et *dont* par *duquel, desquels.* Ainsi, au lieu de dire : *J'ai vu* LA SOEUR *de mon père,* QUI *viendra me voir;* LA BONTÉ *de Dieu,* DONT *je connais la grandeur, me rassure*, on dira : *J'ai vu la sœur de mon père,* LAQUELLE *viendra me voir; la bonté de Dieu,* DE LAQUELLE *je connais la grandeur, etc.* Dans la première construction, on ne saurait si *qui* se rapporte à *sœur* ou à *père*, et *dont* à *bonté* ou à *Dieu.*

Les sciences auxquelles je m'applique.

138. RÈGLE II. — Le pronom relatif *qui* précédé d'une préposition comme *à, de, pour, sur, etc.*, ne doit jamais avoir pour antécédent un nom de chose, mais seulement un nom de personne. Ainsi l'on dira :

Les sciences AUXQUELLES *je m'applique,* et non pas A QUI *je m'applique.*

L'arbre SUR LEQUEL *je suis monté,* et non pas SUR QUI *je suis monté.*

Mais on dira très-bien : *La personne* A QUI OU A LAQUELLE *je me confie.*

REMARQUEZ 1° qu'il ne faut pas confondre *dont* et *d'où,* qui signifient tous les deux *duquel, de laquelle,* etc., et les employer indifféremment l'un pour l'autre. On emploie *d'où,* toutes les fois que la phrase renferme une idée *de départ, de sortie,* etc. Dans les autres cas, on emploie *dont.* Ainsi l'on dira : *La personne* DONT *je parle; la ville* D'OU *je viens; l'endroit* D'OU *je sors.* — Pour exprimer *la sortie de telle ou telle famille, la naissance,* c'est toujours *dont* qu'on emploie : *La famille dont il sort est noble,* et non pas *d'où il sort.*

REMARQUEZ 2° qu'il ne faut pas trop multiplier les *que* ni les *qui* dans une phrase : autrement la construction serait désagréable. Ainsi ne dites pas : *C'est un procès* QU'*on a cru* QU'*on perdrait,* mais *c'est un procès qu'on a cru perdre.*

REMARQUEZ 3° que parmi les pronoms relatifs, les uns servent de sujets, d'autres de compléments directs, et d'autres de compléments indirects :

1° *Qui* est toujours sujet du verbe qui suit : *Dieu* QUI *règne, ma mère* QUI *est malade,* etc.

Cependant il est complément du verbe qui suit : 1° quand il peut se tourner par *celui que.* Ex. : *Envoyez* QUI *vous voudrez,* c'est-à-dire *celui que vous voudrez;* — 2° quand il est interrogatif et qu'il peut se tourner par *quel est celui que?* Ex. : QUI *appelez-vous?* c'est-à-dire *quel est celui que vous appelez?*

2° *Que* est toujours complément direct du verbe qui suit : *Dieu* QUE *j'aime ; la grammaire* QUE *j'étudie ;* QUE *faites-vous?* QU'*étudiez-vous ?*

Cependant il est quelquefois complément indirect ; c'est quand il renferme en lui-même une préposition : *Les cinq heures* QUE *j'ai dormi*, c'est-à-dire *pendant lesquelles j'ai dormi ; l'hiver* QU'*il a fait si froid*, c'est-à-dire *pendant lequel*, etc.

3° *Dont* est toujours complément indirect du mot de la phrase après lequel on peut mettre par interrogation *de qui? de quoi?* Ce mot est un nom, un adjectif, ou un verbe. *Ex. : Dieu* DONT *nous admirons la providence* (on peut demander *la providence de qui?*); — *la récompense* DONT *vous êtes digne* (on peut demander *digne de quoi?*); — *les livres* DONT *je me sers* (on peut demander *je me sers de quoi ?*).

Tout pronom relatif précédé d'une préposition, comme *à qui, par qui*, etc., est toujours complément indirect d'un verbe ou d'un adjectif qui suit. *Ex. : L'homme* A QUI *vous avez rendu service ;—l'enfant* A QUI *cela est utile ; — Romulus* PAR QUI *Rome fut fondée ; — celui* PAR QUI *j'ai obtenu ma grâce.*

CHAPITRE V.

DU VERBE.

Je parle.

139. RÈGLE I. — Tout verbe s'accorde avec son sujet en nombre et en personne. *Ex. :*

Je parle ; vous enseignez ; il lit.
Vous riez, et je pleure ; vous osez parler ainsi?

Pierre et Paul jouent.

140. **Règle ii.** — Quand un verbe a pour sujet deux substantifs singuliers, on met ce verbe au pluriel, parce que deux singuliers valent un pluriel. *Ex.* :

Pierre et Paul JOUENT.

Mon frère et ma sœur LISENT ; *promettre et tenir* SONT *deux.*

Exceptions. 1° Lorsque les substantifs sont synonymes, le verbe ne s'accorde qu'avec le dernier, parce qu'alors il n'y a réellement qu'un sujet. *Ex.* :

Sa clémence, SA BONTÉ *ne* SE DÉMENT *jamais.*

2° Lorsque les substantifs sont unis par l'une des conjonctions *comme, de même que, ainsi que, aussi bien que, non moins que,* etc., le verbe ne s'accorde qu'avec le premier. *Ex.* :

LE RICHE, *comme le pauvre,* EST *sujet à la mort.*
LE SAVOIR, *ainsi que la vertu,* A *son prix.*

C'est comme s'il y avait : *Le riche est sujet à la mort, comme le pauvre y est sujet,* etc.

3° Lorsque les substantifs sont placés par gradation, c'est-à-dire de manière que l'un enchérit sur l'autre, et que le dernier exprime plus que celui qui le précède, le verbe ne s'accorde qu'avec le dernier substantif. *Ex.* :

Votre INTÉRÊT, *votre* HONNEUR, DIEU *exige de vous ce sacrifice.*

Le CRI *d'un animal,* L'OBSCURITÉ, *le* SILENCE *même l'effraye.*

4° Lorsque les substantifs sont suivis d'un mot général, comme *tout*, *rien*, *personne*, *chacun*, etc., le verbe s'accorde avec ce mot général, parce que ce mot renferme comme en lui-même tous les substantifs qui précèdent. *Ex.:*

Biens, dignités, honneurs, TOUT *disparaît à la mort.*
Voisins, parents, amis, PERSONNE *n'a pris sa défense.*

REMARQUEZ que les deux dernières exceptions regardent aussi l'accord de l'adjectif avec son substantif : si un adjectif se rapporte à plusieurs substantifs placés par gradation, il ne s'accorde qu'avec le dernier ; et s'il se rapporte à plusieurs substantifs suivis d'un mot général, comme *tout*, *rien*, etc., c'est avec ce mot général qu'il s'accorde.

L'intérêt ou l'orgueil dirigent trop souvent l'homme.

141. RÈGLE III. — Quand un verbe a deux sujets singuliers unis par *ou*, le verbe se met tantôt au pluriel, et tantôt au singulier :

1° Le verbe se met au pluriel toutes les fois qu'il est possible que les deux sujets fassent *ensemble et en même temps* l'action marquée par le verbe, et que le sens n'indique pas évidemment qu'on ne veut attribuer cette action qu'à l'un des deux sujets : c'est toujours ce qui a lieu quand il s'agit de faits généraux, de maximes, etc. Dans ce cas, on peut tourner *ou* par *et*. Ex. :

L'intérêt OU *l'orgueil* DIRIGENT *trop souvent l'homme dans ses actions,* c'est-à-dire *l'intérêt et l'orgueil.*

La faiblesse OU *l'inexpérience nous* FONT *commettre bien des fautes*, c'est-à-dire *la faiblesse et l'inexpérience.*

2° Le verbe se met au singulier toutes les fois qu'il est impossible que les deux sujets fassent *ensemble et en même temps* l'action marquée par le verbe, ou bien toutes les fois que le sens indique évidemment qu'on ne veut attribuer l'action qu'à l'un des deux sujets : c'est toujours ce qui a lieu quand il s'agit de faits particuliers. *Ex.* :

Monsieur le comte OU *monsieur le duc* SERA *ambassadeur à Vienne.* (Il est impossible que les deux sujets fassent ensemble et en même temps l'action marquée par le verbe ; car il ne faut qu'un ambassadeur.)

La douceur OU *la violence* VIENDRA *à bout de cet enfant.* (Il est impossible que les deux sujets fassent ensemble et en même temps l'action marquée par le verbe.)

Son frère OU *lui* VIENDRA ; *mon père* OU *ma mère* IRA *vous voir.* (Ici on ne veut évidemment attribuer l'action qu'à l'un des deux sujets.)

REMARQUEZ que, lorsqu'un verbe a deux sujets singuliers unis par *ni*, il se met au pluriel ou au singulier dans les mêmes cas que lorsque les sujets sont unis par *ou*, Ainsi, il se met au singulier, toutes les fois qu'il est impossible que les deux sujets fassent ensemble et en même temps l'action marquée par le verbe; on dira donc : NI *M. le comte*, NI *M. le duc, ne* SERA *ambassadeur à Vienne ;* NI *la douceur*, NI *la violence, ne* VIENDRA *à bout de cet enfant.* — Mais on dira : NI *votre frère* NI *le mien ne* SERONT *couronnés au concours ;* NI *l'or* NI *la grandeur ne nous* RENDENT *heureux* (1).

(1) L'Académie dit : *Ni l'un ni l'autre n'*ONT *fait leur devoir*, et *ni l'un ni l'autre n'*A *fait son devoir*. Elle dit aussi : *L'un et l'autre* SONT *bons*, et *l'un et l'autre* EST *bon*. Mais le pluriel est préférable.

Vous et moi nous nous portons bien.

142. RÈGLE IV. — Lorsque les sujets d'un même verbe sont de différentes personnes, le verbe se met toujours au pluriel, et prend la plus noble des deux personnes : la première est plus noble que les deux autres, la seconde est plus noble que la troisième. *Ex.* :

VOUS ET MOI, *nous nous* PORTONS *bien ;* VOUS ET VOTRE FRÈRE, *vous* CAUSEZ.

VOUS OU MOI *ferons la réponse à cette lettre ;* VOUS *ainsi que* VOTRE FRÈRE, VIENDREZ.

NI VOUS NI MOI *ne* SERONS *ambassadeur à Vienne.*

Une foule d'enfants encombrait la rue.

143. RÈGLE V. — Lorsque le sujet d'un verbe est un *nom collectif* suivi d'un nom pluriel, le verbe s'accorde tantôt avec le collectif, et tantôt avec le nom pluriel, selon que l'état ou l'action marquée par le verbe convient mieux à l'un qu'à l'autre. (On appelle *collectif* un nom qui, quoique au singulier, signifie plusieurs personnes ou plusieurs choses, comme *troupe, peuple, quantité.*) Ex. :

Une foule d'enfants ENCOMBRAIT *la rue* (le verbe au singulier, parce que l'action d'*encombrer* convient mieux à *foule* qu'à *enfants*).

Une foule d'enfants COURAIENT *dans la rue* (le verbe au pluriel, parce que l'action de *courir* convient mieux à *enfants* qu'à *foule*).

La multitude des étoiles BRILLENT *au firmament, comme des soleils* (le verbe au pluriel, parce que l'action de *briller* convient mieux à *étoiles* qu'à *multitude*).

Un grand nombre d'oiseaux FAISAIENT RÉSONNER *le bocage.*

La quantité des fourmis ÉTAIT *très-grande.*

Un déluge de pleurs INONDAIT *son visage.*

*La moitié des passagers n'*AVAIT *pas la force de s'inquiéter du danger.*

REMARQUEZ 1° que très-souvent l'action marquée par le verbe peut convenir également au collectif et au substantif pluriel : alors, le plus ordinairement, le verbe s'accorde avec le collectif, *s'il est général*, et avec le substantif pluriel, si le collectif *est partitif*. (Un collectif est *général*, quand il exprime la totalité des objets dont on parle, comme quand je dis : *Le nombre des pauvres est innombrable*; il est *partitif*, quand il n'exprime qu'une partie des objets dont on parle, comme quand je dis : *Une foule de pauvres*.) Ex. :

La foule des pauvres EST *innombrable.*

Une foule de pauvres REÇOIVENT *des secours*, c'est-à-dire *des pauvres en foule, etc.*

La totalité des hommes REDOUTE *la mort.*

Un grand nombre de soldats ÉCHAPPÈRENT *au carnage*, c'est-à-dire *des soldats en grand nombre, etc.*

REMARQUEZ 2° que, s'il y a deux verbes dans une phrase, il peut se faire que l'un de ces verbes ait pour sujet *le collectif*, et l'autre le *substantif pluriel*, comme on va le comprendre par les deux exemples *suivants* :

La moitié des troupes qui FIRENT *la guerre* PÉRIT *de misère* (le premier verbe au pluriel, parce qu'il a évidemment pour sujets *troupes*, toutes les troupes ayant fait la guerre; le second au singulier, parce qu'il a évidemment pour sujet *la moitié*, la moitié des troupes seulement ayant péri).

Le tiers des livres qui PARAISSENT ne se VEND pas.

REMARQUEZ 3° que si le collectif est l'un de ces mots: *la plupart*, *beaucoup*, *peu*, *assez*, *infiniment*, ou tout autre adverbe de quantité, le verbe s'accorde toujours avec le substantif pluriel exprimé ou sous-entendu. *Ex.* :

La plupart des amis vous ABANDONNENT *dans l'infortune.*

Beaucoup (en parlant d'enfants) AIMENT *le jeu; peu* TRAVAILLENT *avec ardeur;* c'est-à-dire *beaucoup d'enfants*, *peu d'enfants*.

NOTA. — Les élèves remarqueront que les adjectifs qualificatifs, précédés d'un collectif, sont soumis aux mêmes règles que le verbe : *Une troupe d'enfants* JEUNES *et* ÉTOURDIS; *la totalité des enfants,* INCAPABLE *de prévoyance.*

Plus d'un auteur a traité ce sujet.

144. RÈGLE VI. — Lorsque le sujet d'un verbe est *plus d'un*, suivi d'un substantif, le verbe se met au singulier, à moins qu'il n'exprime une action réciproque de deux sujets l'un sur l'autre. *Ex.* :

Plus d'un auteur A TRAITÉ *ce sujet.*

Plus d'un fripon SE DUPENT l'un l'autre. (Ici, il y a action réciproque.)

REMARQUEZ que si le sujet est *un de* ou *un des* suivi d'un nom pluriel, le verbe se met tantôt au singulier, et tantôt au pluriel. Il se met au singulier, quand l'action est faite par un seul individu : *C'est un de mes enfants qui* EST MORT; *c'est un des généraux français qui* COMMANDERA. — Il se met au pluriel, quand l'action est faite par plusieurs individus : *St Louis est un des plus grands rois qui* AIENT RÉGNÉ; *l'intempérance est un des vices qui* DÉTRUISENT *la santé.*

Ce sont les passions qui nous perdent.

145. **Règle VII.** — Le verbe *être*, précédé de *ce*, ne se met au pluriel que lorsqu'il est suivi d'*une troisième personne du pluriel*. Ex. :

Ce sont **les passions** *qui nous perdent,* et non pas *c'est les passions qui, etc.*

Ce sont **eux**, *ce sont* **elles** *qui ont agi ainsi.*

Ce sont **vos ancêtres** *qui ont bâti cette maison.*

Si le verbe *être* n'est pas suivi d'*une troisième personne du pluriel*, il se met toujours au singulier. Ainsi l'on dira : *C'est* **nous** ; *c'est* **vous** ; *c'est* **l'or** *et* **l'argent** *qui sont les dieux du monde.*

Remarquez 1° qu'on doit mettre le verbe *être* au pluriel, quoiqu'il ne soit pas suivi d'une troisième personne plurielle, lorsqu'on énumère ou qu'on répond à une question : *Quels sont les principaux fleuves de la France? Ce* **sont** *la Seine, le Rhône, la Loire, etc.; — Il y a en français dix sortes de mots; ce* **sont** *l'article, le substantif, etc.*

Remarquez 2° qu'on doit mettre le verbe *être* au singulier, si le nom pluriel qui le suit est le régime indirect du verbe suivant, comme dans cette phrase: *C'est* **des Anglais** *que nous vient l'invention des chemins de fer.*

146. **Observation générale.** — Lorsqu'un verbe a pour sujet *qui*, ce verbe s'accorde comme il s'accorderait avec l'antécédent, si *qui* n'existait pas. Ainsi dans ces phrases : *Pierre et Paul* **qui** *jouent; vous et moi* **qui** *nous portons bien; c'est votre intérêt, votre honneur, Dieu* **qui** *exige ce sacrifice*, le verbe doit s'écrire comme s'il y avait : *Pierre et Paul jouent; vous et moi nous nous portons bien, etc., etc.*

SYNTAXE DES COMPLÉMENTS DES VERBES,

OU MANIÈRE DE JOINDRE AUX VERBES LEURS COMPLÉMENTS.

J'aime Dieu ; — j'obéis à mes parents.

147. Règle i. — Lorsqu'un verbe est *actif*, il a presque toujours un complément direct qu'on joint à ce verbe sans le secours d'aucune préposition ; il peut avoir, en outre, un ou plusieurs compléments indirects, qui s'y joignent avec le secours des mots *à, au, aux,* ou *de, du, des,* etc. *J'aime Dieu ; je donne un habit au pauvre ; menacer quelqu'un de la mort ; ce chemin conduit à la vertu.*

Lorsqu'un verbe est *neutre*, il n'a jamais de complément direct, mais il peut avoir un ou plusieurs régimes indirects qui s'y joignent avec le secours d'une préposition exprimée ou sous-entendue : *J'obéis à mes parents ; j'étais présent à ce spectacle ; il viendra dimanche ; il a régné trois ans* (1).

Lorsqu'un verbe est *passif*, il n'a jamais que des compléments indirects qui s'y joignent avec le secours des prépositions *par* ou *de : de*, quand le verbe exprime un sentiment ; *par*, quand il exprime une action : *Je suis aimé de Dieu* (2) ; *je suis accablé de chagrin ; l'Algérie a été conquise par les Français.*

---

(1) Dans les deux derniers exemples, la préposition est sous-entendue ; c'est comme s'il y avait : *Il viendra dans la journée de dimanche ; il a régné pendant trois ans.*

(2) Il ne faut jamais employer *par* avec le nom de Dieu. Dites donc : *Les méchants seront punis de Dieu,* et non pas, *seront punis par Dieu.*

Lorsqu'un verbe est *pronominal*, comme il est presque toujours formé d'un verbe actif ou d'un verbe neutre, il est soumis aux mêmes règles que ces deux sortes de verbes : *Je m'adonne à l'étude avec ardeur,* c'est-à-dire *j'adonne* MOI (régime direct) A L'ÉTUDE (régime indirect) AVEC ARDEUR (autre régime indirect). — *Il se nuit*, c'est-à-dire *il nuit* A SOI (régime indirect).

Lorsqu'un verbe est *impersonnel*, il n'a pas de complément direct; mais il peut avoir un complément indirect. En outre, il est souvent suivi d'un mot qui, *en apparence,* est un complément, tandis que, *en réalité,* c'est un sujet : *Il tombe beaucoup de neige*, tournez, *beaucoup de neige tombe; il se fait une grande chaleur*, tournez, *une grande chaleur se fait*.

REMARQUEZ en général, sur les différentes sortes de verbes, qu'un verbe ne doit jamais avoir deux régimes indirects *pour exprimer une même chose.* Ainsi, ne dites pas : *C'est* A VOUS A QUI *je parle; c'est* EN DIEU EN QUI *j'ai mis ma confiance*. Il faut dire, en employant la conjonction *que,* au lieu du pronom relatif : *C'est à vous* QUE *je parle; c'est en Dieu* QUE *j'ai mis ma confiance*. En supprimant *c'est,* on voit facilement que les régimes *à qui* et *en qui* sont inutiles; car on obtient : *Je parle à vous : je mets ma confiance en Dieu.* — On ne doit pas dire non plus : *C'est* ICI OU *je demeure; c'est* LA OU *je vais; c'est* DE LA D'OU *je tire mes marchandises*. Il faut dire : *C'est ici* QUE *je demeure; c'est là* QUE *je vais; c'est de là* QUE *je tire mes marchandises.*

Dieu aime et favorise l'homme de bien.

148. RÈGLE II. — Un seul et même nom peut servir de complément à deux verbes à la fois, pourvu

que ces deux verbes ne veuillent pas, l'un un régime direct, et l'autre un régime indirect. *Ex. :*

Dieu AIME *et* FAVORISE *l'homme de bien.*

Nos troupes ATTAQUÈRENT *et* PRIRENT *la ville.*

Mais si les verbes veulent des compléments différents, c'est-à-dire si l'un veut un complément direct et l'autre un complément indirect, le même nom ne peut plus leur servir de complément. Ainsi on ne dirait point : *Nos troupes attaquèrent et s'emparèrent de la ville,* parce qu'on dit *attaquer quelqu'un* ou *quelque chose*, et *s'emparer* DE *quelqu'un*, etc. De même on ne dirait point : *Dieu aime et vient en aide à l'homme de bien*, parce qu'on dit *aimer quelqu'un* et *venir en aide* A *quelqu'un*. Il faudait dire, en faisant usage des pronoms : *Nos troupes attaquèrent la ville et s'*EN *emparèrent ; Dieu aime l'homme de bien et* LUI *vient en aide.*

De même, si les verbes veulent tous les deux un complément indirect, mais avec des prépositions différentes, le même nom ne peut pas encore leur servir de complément. Ainsi on ne pourrait pas dire : *Un grand nombre de vaisseaux entrent et sortent tous les jours* DE *ce port*, parce qu'on dit *entrer* DANS et *sortir* DE. Il faut dire, en faisant usage des pronoms : *Un grand nombre de vaisseaux entrent dans ce port et* EN *sortent tous les jours.*

REMARQUEZ que cette règle est applicable même aux pronoms *me, te, se, nous, vous :* un seul et même de ces pronoms ne peut pas figurer à la fois comme complément direct et indirect. Ainsi l'on ne pourrait pas dire : *Il* NOUS *a récompensés et adressé des éloges*, parce que *nous* serait régime direct de *récompensés*, et régime indirect de *adressé*. Il faut dire, en répétant le pronom : *Il* NOUS *a récompensés et* NOUS *a adressé des éloges.*

Cet élève aime l'étude et le travail.

149. RÈGLE III. — Lorsqu'un verbe a un complément direct ou indirect, composé de deux ou plusieurs mots unis par *et*, *ni*, *ou*, ces mots doivent généralement être de la même espèce, c'est-à-dire ou tous des substantifs, ou tous des verbes, etc. Ainsi dites :

Cet élève aime L'ÉTUDE *et* LE TRAVAIL ; *celui-ci aime* A JOUER *et* A SE PROMENER.

Je crois QUE *votre frère est instruit et* QU'*il réussira.*

Mais on ne pourrait pas dire : *Cet élève aime* L'ÉTUDE *et* A TRAVAILLER ; *celui-ci aime* LE JEU *et* A SE PROMENER ; *je crois* VOTRE FRÈRE INSTRUIT *et* QU'*il réussira.*

Faites le bien à vos plus grands ennemis.

150. RÈGLE IV. — Lorsqu'un verbe a deux compléments, l'un direct et l'autre indirect, il faut généralement placer celui qui est le plus court le premier :

Faites LE BIEN *à vos plus grands ennemis.*

Donnez AUX PAUVRES *tout le superflu de vos biens.*

REMARQUEZ que si les deux compléments sont d'égale longueur, on énonce le complément direct le premier :

Alexandre vainquit DARIUS *à Arbelles.*

Donnez-LE-*moi ; cédez*-LE-*nous ; prêtez*-LE-*lui ;* et non pas *donnez-moi-le*, *cédez-nous-le*, *etc.*

Toutefois, si, le complément indirect étant placé le dernier, il devait en résulter quelque équivoque, il faudrait le placer le premier. On ne dira donc pas :

Croyez-vous pouvoir ramener ces esprits égarés PAR LA DOUCEUR ? — *Calmez votre âme agitée* PAR LE REPOS. Il faut dire : *Croyez-vous pouvoir ramener* PAR LA DOUCEUR *ces esprits égarés ?* — *Calmez* PAR LE REPOS *votre âme agitée* (1).

151. Pour terminer ce que nous avons à dire du verbe dans cette Seconde Partie, il nous reste à faire quelques observations : 1° sur la valeur de chacun des temps des verbes; 2° sur l'emploi des auxiliaires dans certains verbes neutres.

§ 1er. Valeur des Temps.

PRÉSENT.

152. Le *présent* indique que l'action marquée par le verbe se fait à l'instant où l'on parle. *Ex. :*

Je MARCHE, *tu* LIS, *il* CHANTE, *vous* CAUSEZ, *etc.*

REMARQUEZ que l'on emploie quelquefois le *présent* pour marquer une action passée, afin de rendre la narration plus animée, plus vive. Ainsi on dira, en faisant usage du présent : *Hier un homme était sur le point de périr dans les flots :* J'ACCOURS, JE M'ÉLANCE *dans le fleuve, et* JE SAUVE *cet infortuné.* Mais, dans ce cas, il faut que tous les verbes qui sont dans la même phrase et qui expriment une idée de passé

(1) Si le complément d'un verbe est un infinitif, cet infinitif, après certains verbes, n'est précédé d'aucune préposition; après d'autres, il est précédé de la préposition *à*, comme : *Il aime à jouer;* après d'autres, de la préposition *de*, comme : *Il diffère de partir;* après d'autres, des prépositions *à* ou *de* à volonté : *J'ai tardé de sortir* ou *à sortir*. La lecture et l'usage peuvent seuls guider en cette matière. — Après les verbes *désirer, espérer, souhaiter,* on peut faire usage ou non de la préposition *de* : *Je désire de sortir,* ou *je désire sortir, etc.*

soient au présent. Il ne faudrait donc pas dire, dans l'exemple précédent : *J'accours, je m'élance, et* J'AI SAUVÉ *cet infortuné.*

IMPARFAIT.

153. L'*imparfait* indique deux choses : 1° que l'action marquée par le verbe est passée à l'instant où l'on parle; 2° que cette même action s'est faite en même temps qu'une autre marquée par un second verbe exprimé ou sous-entendu. *Ex.* :

Je LISAIS *quand vous entrâtes.*

Dans cet exemple, l'action marquée par le verbe *lire* est passée à l'instant où l'on parle; mais elle s'est faite en même temps que l'action marquée par le verbe *entrer.* — On appelle ce temps *imparfaitement passé,* ou simplement *imparfait*, parce que l'action est en quelque sorte à la fois présente et passée.

REMARQUEZ qu'on ne doit jamais employer l'*imparfait* pour exprimer une action qui a lieu encore au moment où l'on parle. Ainsi, il ne faut pas dire : *J'ai appris que vous* ÉTIEZ *malade*, si la personne l'est encore; mais bien : *J'ai appris que vous* ÊTES *malade.* De même, il ne faut pas employer l'imparfait en parlant d'une vérité de tous les temps, et dire, par exemple : *Je vous ai prouvé que Dieu* ÉTAIT *juste, que la terre* ÉTAIT *ronde;* mais bien : *Je vous ai prouvé que Dieu* EST *juste, que la terre* EST *ronde.*

PASSÉ DÉFINI *et* PASSÉ INDÉFINI.

154. Le *passé défini* et le *passé indéfini* indiquent purement et simplement que l'action marquée par le verbe est passée à l'instant où l'on parle. *Ex.* :

J'AI REÇU *plusieurs lettres de bonne année.*
JE REÇUS *hier plusieurs visites de condoléance.*

REMARQUEZ 1° que ces deux temps ne s'emploient pas tout à fait indifféremment l'un pour l'autre : le *passé indéfini* s'emploie pour exprimer une action passée, peu importe depuis combien de temps : J'AI REÇU *une lettre l'année dernière, cette année, cette semaine, aujourd'hui, il n'y a qu'un instant;* c'est pour cela qu'on l'appelle *passé indéfini,* c'est-à-dire *indéterminé.* — Le *passé défini*, au contraire, ne s'emploie que pour exprimer une action passée dans un temps qui n'appartient plus à l'année, au mois, à la semaine, au jour où l'on parle. Ainsi, il ne faut pas dire : JE REÇUS *une lettre cette année, ce mois, cette semaine, aujourd'hui, ce matin,* parce qu'on est encore dans l'année, le mois, le jour où l'on parle. Mais on pourrait dire : JE REÇUS *une lettre l'année dernière, hier, etc.* C'est pour cela qu'on l'appelle *passé défini*, c'est-à-dire *déterminé.*

REMARQUEZ 2° que dans une même phrase, il ne faut pas employer tantôt le passé défini et tantôt le passé indéfini. Ne dites donc pas : JE REÇUS *hier une lettre à laquelle* J'AI RÉPONDU *tout de suite.* Mais dites : JE REÇUS *hier une lettre à laquelle* JE RÉPONDIS *tout de suite;* ou bien : J'AI REÇU *hier une lettre à laquelle* J'AI RÉPONDU *tout de suite.*

PASSÉ ANTÉRIEUR.

155. Le *passé antérieur* indique deux choses : 1° que l'action marquée par le verbe est passée à l'instant où l'on parle; 2° que cette même action s'est faite avant une autre ou *antérieurement* à une autre marquée par un second verbe. *Ex.* :

Quand J'EUS LU, *je partis.*

Dans cet exemple, l'action marquée par le verbe *lire* est passée à l'instant où l'on parle, et de plus elle s'est faite *antérieurement* à l'action marquée par le verbe *partir*. On voit facilement d'où lui vient le nom de *passé antérieur.*

PLUS-QUE-PARFAIT.

156. Le *plus-que-parfait* indique deux choses : 1° que l'action marquée par le verbe est passée à l'instant où l'on parle ; 2° que cette même action est encore passée par rapport à une autre marquée par un second verbe exprimé ou sous-entendu. *Ex. :*

J'AVAIS FINI *quand vous vîntes.*

Dans cet exemple, l'action marquée par le verbe *finir* est passée à l'instant où l'on parle, et de plus elle est encore passée par rapport à l'action marquée par le verbe *venir*. On appelle ce temps *plus-que-parfait*, c'est-à-dire *plus-que-passé*, parce que l'action est comme deux fois passée.

REMARQUEZ qu'on ne doit jamais employer le *plus-que-parfait* pour le *passé défini*, c'est-à-dire pour exprimer une action purement et simplement passée. Ainsi il ne faut pas dire : *J'ai appris que vous* AVIEZ ÉTÉ *malade*, mais *j'ai appris que vous* AVEZ ÉTÉ *malade*.

FUTUR.

157. Le *futur* indique que l'action marquée par le verbe est encore à faire à l'instant où l'on parle. *Ex. :*

JE PARTIRAI *demain.*

REMARQUEZ qu'on ne doit jamais employer le conditionnel au lieu du futur, quand il s'agit simplement d'un fait à venir (qui est certain), sans aucune idée de condition. Ainsi il ne faut pas dire : *On m'a assuré que vous* VOYAGERIEZ *incessamment*, mais *que vous* VOYAGEREZ. — Cependant il y a souvent lieu d'employer le *conditionnel*, sans qu'il y ait condition, comme dans les phrases suivantes : *Il pensait qu'on lui* PARDONNERAIT ; *je croyais que vous* VIENDRIEZ ; *j'étais assuré qu'il* PLEUVRAIT. Mais dans ces phrases, il ne faut pas employer le conditionnel passé, et dire, par exemple : *Il pensait qu'on lui* AURAIT PARDONNÉ ; *je croyais que vous* SERIEZ VENU ; *j'étais assuré qu'il* AURAIT PLU.

FUTUR ANTÉRIEUR.

158. Le *futur antérieur* indique deux choses : 1º que l'action marquée par le verbe est encore à faire à l'instant où l'on parle ; 2º que cette même action se fera *antérieurement* à une autre action marquée par un second verbe exprimé ou sous-entendu. *Ex.* :

J'AURAI TERMINÉ *quand vous viendrez*.

Dans cet exemple, l'action marquée par le verbe *terminer* est encore à faire à l'instant où l'on parle, mais elle se fera *antérieurement* à l'action marquée par le verbe *venir*. On voit facilement d'où lui vient le nom de *futur antérieur*.

§ 2. Emploi des auxiliaires.

159. L'emploi des auxiliaires ne présente aucune difficulté, ni dans les verbes actifs, ni dans les verbes passifs, ni dans les verbes pronominaux : les verbes actifs se conjuguent toujours avec l'auxiliaire *avoir*, et les autres avec l'auxiliaire *être* (1).

Il n'en est pas de même des verbes neutres, qu'on peut diviser ainsi : 1° verbes neutres qui se conjuguent avec *avoir ;* 2° verbes neutres qui se conjuguent, *selon le sens*, avec *avoir* ou avec *être ;* 3° verbes neutres qui se conjuguent *indifféremment* avec *avoir* ou *être;* 4° verbes neutres dont la signification change, selon l'auxiliaire qui les accompagne.

1. Verbes neutres qui se conjuguent avec *Avoir*.

160. La plupart des verbes neutres se conjuguent, comme les verbes actifs, avec l'auxiliaire *avoir : J'ai dormi, tu as marché, nous avons paru, ils ont péri, etc.*

Cependant les verbes *naître, venir, devenir, parvenir, revenir, arriver, aller, entrer, choir, tomber* (1), *décéder, mourir,* se conjuguent toujours avec l'auxiliaire *être*. Ainsi il faut dire :

JE SUIS ALLÉ *à Rome, et* J'EN SUIS REVENU ; et non pas *j'ai allé à Rome, et j'en ai revenu, etc.*

2. Verbes neutres qui se conjuguent, *selon le sens*, avec *Avoir* ou *Être*.

161. Il est des verbes neutres qui se conjuguent,

(1) Quant aux verbes impersonnels, ils se conjuguent le plus généralement avec l'auxiliaire ÊTRE.

(2) *Tomber* se conjugue avec *avoir* lorsqu'on veut déterminer la durée de la chute. Ainsi l'on dira : *Ce ballon* A TOMBÉ *pendant cinq minutes, sans toucher à terre; la pluie* A TOMBÉ *pendant deux jours.*

selon le sens, avec *avoir* ou avec *être*. Tels sont : *croître, monter, empirer, vieillir, expirer* (1), *descendre, disparaître, cesser, accourir, entrer, passer, sortir, partir, déchoir, échoir, etc.*

Ces verbes se conjuguent avec l'auxiliaire *avoir*, lorsqu'on a principalement en vue *l'action* marquée par le verbe; et ils se conjuguent avec l'auxiliaire *être*, lorsqu'on a en vue non pas tant *l'action* du verbe, que *l'état* résultant de l'action marquée par le verbe. Ainsi il faut dire avec l'auxiliaire *avoir* :

La rivière a crû de deux pouces dans cette nuit; le baromètre a monté très-rapidement; sa maladie a beaucoup empiré dans la nuit; ce soldat a vieilli sous les armes; son bail a expiré à la Saint-Jean; il a descendu à cinq heures; cet enfant a disparu hier de la maison paternelle; la fièvre a cessé hier; la procession a sorti de l'église, et a passé sous mes fenêtres à huit heures.

Il faut dire, au contraire, avec l'auxiliaire *être* :

La rivière est crue considérablement; le baromètre est monté de beaucoup; sa maladie est empirée; ce soldat est bien vieilli; son bail est expiré depuis la Saint-Jean; il est descendu; cet enfant est disparu; la fièvre est cessée; la procession est sortie de l'église depuis huit heures.

Remarquez 1° que lorsqu'un de ces verbes neutres est employé activement, c'est-à-dire lorsqu'il a un régime direct, il se conjugue toujours avec l'auxi-

(1) *Expirer* signifiant *mourir* se conjugue toujours avec *avoir*. Ne dites donc pas : *Cet homme est expiré dans mes bras*, mais *a expiré dans mes bras.*

liaire *avoir* : *On* LES *a descendus, il a monté* L'ESCALIER, *on* LES *a sortis de ce mauvais pas, etc.*

REMARQUEZ 2° que les verbes dont nous parlons marquent ordinairement *l'action*, et se conjuguent avec *avoir*, lorsqu'ils sont accompagnés d'une circonstance précise de *temps*, de *lieu*, *etc.*, comme il est facile de le voir par les exemples donnés.

3. Verbes neutres qui se conjuguent *indifféremment* avec *Avoir* ou *Être*.

162. Les verbes neutres *accourir*, *apparaître*, *résulter*, se conjuguent indifféremment avec *avoir* ou avec *être*. Ex. : *Je suis accouru au bruit; ses amis ont accouru dans sa maison; un spectre lui était apparu* ou *lui avait apparu; qu'a-t-il résulté de ta démarche? qu'en est-il résulté?*

4. Verbes neutres dont la signification varie selon l'auxiliaire qui les accompagne.

163. Il est des verbes neutres qui changent de signification en changeant d'auxiliaire. Tels sont *convenir*, *demeurer*, *rester*, *échapper*.

CONVENIR, s'il signifie *plaire*, *être convenable*, se conjugue avec *avoir ;* — s'il signifie *demeurer d'accord*, il se conjugue avec *être*. Ex. : *Cette maison m'a convenu, et je suis convenu du prix.*

DEMEURER, s'il signifie *habiter*, *tarder*, *employer du temps à*, se conjugue avec *avoir ;* — s'il signifie toute autre chose, il se conjugue avec *être*. Ex. : *J'ai demeuré huit ans à Paris, il a demeuré une heure à faire cela ; sa blessure a demeuré deux mois à se guérir ; il est demeuré en chemin ; les choses en sont demeurées là.*

Rester, s'il signifie *demeurer, séjourner, passer quelque temps dans un lieu*, se conjugue avec *avoir;* — s'il signifie toute autre chose, comme, par exemple, *être, se trouver,* il se conjugue avec *être.* Ex. : *Il a resté deux jours à Lyon ; il est resté tout interdit ; pendant qu'on le croyait à Paris, il était resté à Lyon*, c'est-à-dire *il était, il se trouvait à Lyon.*

Echapper se conjugue souvent avec *avoir* ou *être* indifféremment ; cependant, lorsqu'on emploie ce verbe pour signifier une chose dite ou faite par imprudence, par indiscrétion, par négligence, on emploie toujours l'auxiliaire *être.* Ainsi il faut dire : *A peine ce mot me fut-il échappé, que je m'en repentis ; son secret lui est échappé; bien des fautes lui sont échappées par suite de sa négligence.*

CHAPITRE VI.

DU PARTICIPE.

I.

DU PARTICIPE PRÉSENT.

Heureux les enfants *aimant* Dieu!

164. Règle. — Le participe présent est toujours invariable, c'est-à-dire qu'il ne s'accorde jamais ni en genre, ni en nombre, avec le mot auquel il se rapporte. *Ex.* :

Heureux les enfants AIMANT *Dieu !*

J'admire nos armées COMBATTANT *pour la patrie.*

Remarquez qu'on pèche souvent contre l'orthographe du participe présent, parce qu'on le confond avec certains adjectifs terminés en *ant*, qu'on appelle *adjectifs verbaux*, lesquels s'accordent toujours en genre et en nombre avec le mot auquel ils se rapportent. Or il y a plusieurs moyens de distinguer le participe présent de l'adjectif verbal :

1° Toutes les fois que le mot en *ant* marque une *action*, il est participe présent ; — s'il marque une *qualité*, un *état*, une *manière d'être*, il est adjectif verbal. *Ex.* : *C'est un homme* SE JOUANT *de tout le monde* ; — *ce sont des hommes* OBLIGEANTS.

2° Toutes les fois que le mot en *ant* a un régime direct, il est participe présent. *Ex.* : *Ces hommes obligeant* LEURS AMIS ; *ces enfants étudiant* LEURS LEÇONS.

3° Toutes les fois que le mot en *ant* est accompagné de la préposition *en* exprimée ou sous-entendue, il est participe présent. *Ex.* : *Les soldats se couvrent de gloire* EN *combattant pour la patrie ; la mer mugissant ressemblait à une personne irritée*, c'est-à-dire *la mer* EN *mugissant*, etc.

4° Toutes les fois que le mot en *ant* est accompagné d'une négation, il est participe présent. *Ex.* : *Des hommes* N'*obligeant* PAS, NE *travaillant* PAS, etc.

5° Toutes les fois que le mot en *ant* peut être précédé, sans altérer le sens, de *très, plus, moins,* ou tout autre mot, signe du comparatif ou du superlatif, il est généralement adjectif verbal ; il en est de même, quand on peut le remplacer par un synonyme qui est un adjectif. *Ex.* : *Ces jeux sont* AMUSANTS ; on peut dire : *Ces jeux sont* PLUS *amusants*, TRÈS-*amusants* ; ou bien, en prenant un synonyme : *Ces jeux sont* RÉCRÉATIFS.

6° Toutes les fois que le mot en *ant* est uni par *et*, *ou*, à un autre mot évidemment adjectif, et qu'ils accompagnent tous deux le même substantif, il est généralement adjectif verbal. *Ex. : Des esprits bas et* **RAMPANTS**.

II.

DU PARTICIPE PASSÉ.

165. L'orthographe du participe passé varie selon qu'il est employé *sans auxiliaire*, ou qu'il est accompagné de l'auxiliaire *être*, ou qu'il est accompagné de l'auxiliaire *avoir*. De là, trois paragraphes.

§ 1er. Participe passé employé sans auxiliaire.

Heureux les enfants *aimés* de Dieu !

166. **Règle générale.** — Lorsque le participe passé est employé *sans auxiliaire*, il s'accorde, comme l'adjectif, en genre et en nombre avec le mot auquel il se rapporte. *Ex. :*

Heureux les enfants **AIMÉS** *de Dieu !*

Une campagne **CULTIVÉE**; *des campagnes* **CULTIVÉES**.

Exceptions. 1° Les participes *vu*, *lu*, *approuvé*, *collationné*, *certifié*, etc., quand ils sont placés en tête de la phrase dans certaines formules de justice, comme **VU** *par le tribunal les pièces du procès*; **APPROUVÉ** *l'écriture ci-dessus*; **CERTIFIÉ** *la présente copie conforme*, etc., restent toujours invariables. Mais on écrit avec accord, s'ils sont placés après le mot auquel ils se rapportent : *Les pièces du procès* **VUES** *par le tribunal; la présente copie* **CERTIFIÉE** *conforme, etc.*

2° Les participes *excepté*, *supposé*, *passé*, *ci-joint*, *ci-inclus*, *y compris*, sont absolument dans le même cas que les participes précédents. On écrira donc sans accord : EXCEPTÉ *mes amis;* SUPPOSÉ *vos raisons vraies;* PASSÉ *cette semaine;* CI-INCLUS *deux lettres;* tandis qu'on écrira avec accord : *Mes amis* EXCEPTÉS ; *vos raisons* SUPPOSÉES *vraies; deux lettres* CI-INCLUSES.

§ 2. Participe passé employé avec ÊTRE.

Ces enfants sont chéris de leurs maîtres.

167. RÈGLE GÉNÉRALE. — Lorsque le participe passé est employé avec l'auxiliaire *être*, il s'accorde toujours en genre et en nombre avec le *sujet* du verbe, quelle que soit la place de ce sujet. *Ex.* :

Ces enfants SONT CHÉRIS *de leurs maîtres.*

Mon frère A ÉTÉ PUNI ; *ma sœur* A ÉTÉ PUNIE.

L'urne où ÉTAIENT RENFERMÉES *les cendres d'Hippias.*

§ 3. Participe passé employé avec AVOIR.

Dieu nous a exaucés.

168. RÈGLE GÉNÉRALE.—Lorsque le participe passé est employé avec l'auxiliaire *avoir*, il s'accorde en genre et en nombre avec le *complément direct* du verbe, quand ce complément est placé avant le participe ; s'il est placé après, ou s'il n'y en a point, le participe passé reste invariable. *Ex.* :

Dieu NOUS A EXAUCÉS *dans nos prières.*

Le livre QUE J'AI ACHETÉ ; *les livres* QUE J'AI ACHETÉS ; *les plumes* QUE J'AI ACHETÉES.

Mon enfant, je T'AI RÉCOMPENSÉ ; *mes enfants, je* VOUS AI RÉCOMPENSÉS.

Mais on écrirait sans accord, parce que le complément direct vient après le participe : *Dieu* A EXAUCÉ NOS PRIÈRES ; *j'*AI ACHETÉ *un livre, des livres, des plumes ;* J'AI RÉCOMPENSÉ *mon enfant, mes enfants.*— De même on écrirait sans accord, parce qu'il n'y a pas de complément direct : *Ils* ONT RÉPONDU *à notre lettre ; nous* AVONS MARCHÉ ; *toute l'armée* A PÉRI.

REMARQUEZ 1° que, d'après cette dernière règle, le participe de tous les verbes neutres qui se conjuguent avec *avoir,* reste invariable, parce que les verbes neutres n'ont jamais de *complément direct.* On écrira donc, sans faire varier le participe : *Les trois ans qu'il* A RÉGNÉ, *les trois mois qu'il* A VOYAGÉ, *les dix ans qu'il* A VÉCU, c'est-à-dire *pendant lesquels il a régné, voyagé, vécu.*

Cependant les deux verbes neutres *coûter* et *valoir* sont regardés quelquefois comme des verbes actifs, et s'accordent, comme ces derniers, en genre et en nombre avec le complément direct : *coûter* et *valoir* sont regardés comme verbes actifs, quand ils signifient, le premier, *causer, exiger,* et le second, *rapporter, procurer.* Ainsi, on écrira avec accord : *Les peines* QUE *cette affaire m'*A COUTÉES, c'est-à-dire *m'a causées ; — La gloire* QUE *ses exploits lui* ONT VALUE, c'est-à-dire *procurée.*

REMARQUEZ 2° que, lorsqu'un participe est accompagné de l'auxiliaire *avoir,* on ne s'occupe nullement du *sujet,* mais seulement *du complément direct* et *de la place* de ce complément direct. Au contraire, lorsqu'un participe est accompagné de l'auxiliaire *être,* on ne s'occupe que du *sujet*, sans avoir égard, comme nous l'avons déjà dit, à la place qu'il a dans la phrase.

169. Aux trois règles générales qui précèdent, et qui suffisent pour résoudre toutes les difficultés, nous allons ajouter, comme explications, plusieurs règles particulières qui aideront, dans la pratique, à observer les règles générales, surtout la dernière.

RÈGLES PARTICULIÈRES.

170. Les règles particulières porteront : 1° sur les participes passés des verbes *pronominaux* ; 2° sur les participes passés des verbes *impersonnels* ; 3° sur les participes passés placés *entre deux* QUE ; 4° sur les participes passés ayant pour complément direct L' *avec apostrophe* ; 5° sur les participes passés *suivis d'un infinitif* ; 6° sur les participes passés ayant pour complément *le pronom* EN ; 7° sur les participes passés ayant pour complément direct *le peu*, suivi d'un substantif.

La lettre qu'ils se sont adressée.

NOTA. — Les élèves se rappelleront que dans les verbes pronominaux, l'auxiliaire *être* étant employé pour l'auxiliaire *avoir*, les participes de ces verbes suivent la règle des participes conjugués avec *avoir*, et non pas des participes conjugués avec *être*.

171. RÈGLE I. — Le participe passé *d'un verbe pronominal* s'accorde en genre et en nombre avec le complément direct du verbe, quand ce complément est placé avant ; s'il est placé après, ou s'il n'y en a point, le participe passé reste invariable. Ainsi, on écrira avec accord, parce que le régime direct est placé avant :

La lettre QU'*ils se sont* ADRESSÉE, *ils se* LA *sont* REPROCHÉE ;—*ils* SE *sont* BLAMÉS ; *ils* SE *sont* MENACÉS.

Mais on écrira sans accord, soit parce que le régime direct est placé après le participe, soit parce qu'il n'y en a point : *Ils se sont* ADRESSÉ *une lettre ; ils se sont* DIT *que je ne partirais pas ; nous nous sommes* PARLÉ ; *vous vous êtes* SUCCÉDÉ ; *ils se sont* ÉCRIT. C'est comme s'il y avait : *nous avons parlé à nous ; vous avez succédé à vous*, etc.

REMARQUEZ 1° que tout verbe pronominal formé d'un verbe neutre, comme *se plaire*, *se déplaire*, *se rire*, *se sourire*, *se succéder*, *se nuire*, *se taire*, *etc.*, est invariable au participe passé, parce que les verbes neutres n'ont jamais de complément direct. On écrira donc sans accord : *ils se sont* SUCCÉDÉ ; *nous nous sommes* PLU ; *vous vous êtes* NUI ; *ils se sont* RI *de vos menaces*.

REMARQUEZ 2° que les verbes essentiellement pronominaux, comme *s'abstenir*, *se repentir*, *se souvenir*, *s'en aller*, etc., auxquels il faut joindre *se douter*, *se prévaloir*, *s'échapper*, sont toujours variables au participe passé, parce qu'ils ont toujours pour complément direct leur second pronom, lequel précède le participe. On écrira donc avec accord : *Nous nous sommes* ABSTENUS *de le poursuivre; ils se sont* REPENTIS *de leur légèreté; ils s'en sont tous* ALLÉS (1).—Le verbe essentiellement pronominal *s'arroger* fait seul exception : il n'a jamais pour complément direct son second pronom. On écrira : *Les droits* QU'*ils se sont* ARROGÉS, avec accord; mais on écrira : *Ils se sont* ARROGÉ *des droits*, sans accord.

REMARQUEZ 3° que, pour découvrir facilement les régimes soit direct, soit indirect des verbes *pronominaux*, il faut toujours tourner par l'auxiliaire *avoir*. Soient ces exemples : *Ils se sont blâmés; ils se sont adressé une lettre; ils se sont succédé, etc.* Dites, en tournant par l'auxiliaire *avoir : Ils* ONT *blâmé eux; ils* ONT *adressé une lettre à eux, etc.*

---

(1) Dans les temps composés du verbe *s'en aller*, le pronom *en* se met toujours avant l'auxiliaire. Dites donc : *Je m'*EN *suis allé, tu t'*EN *étais allé, que nous nous* EN *fussions allés, etc.*, et non pas : *Je me suis* EN *allé, tu t'étais* EN *allé, etc.*

Les chaleurs qu'il a fait.

172. RÈGLE II. — Le participe passé des *verbes impersonnels* ou employés *impersonnellement*, est toujours invariable, parce que ces verbes n'ont point de complément direct. Ainsi l'on écrira sans accord :

*Les chaleurs qu'*IL A FAIT (1).

*Les grandes pluies qu'*IL Y A EU ; IL S'EST GLISSÉ *plusieurs fautes ;* IL EST ARRIVÉ *de grands malheurs.*

La réponse que j'avais prévu qu'on vous ferait.

173. RÈGLE. III. — Le participe passé *placé entre deux* QUE est généralement invariable, parce qu'il a pour complément direct le membre de phrase qui suit le second *que*. Ainsi l'on écrira sans accord :

La réponse QUE *j'avais* PRÉVU QU'*on vous ferait.* (J'avais prévu quoi? *Qu'on vous ferait la réponse.*)

Les peines QUE *j'ai* SU QUE *vous aviez.* (J'ai su quoi? *Que vous aviez des peines.*)

REMARQUEZ que le membre de phrase qui suit le second *que*, peut être sous-entendu, comme dans cette phrase : *Je lui aurais accordé toutes les grâces* QU'*il aurait* VOULU (sous-entendu QUE *je lui accordasse.*)

La famine arriva comme Joseph l'avait prédit.

174. RÈGLE IV. — Le participe passé ayant pour régime direct L' *avec apostrophe, tenant la place*

(1) Le mot *que* qui se trouve dans cet exemple et dans d'autres semblables, est un de ces mots qui reposent sur l'usage, et dont l'analyse grammaticale ne peut pas rendre compte.

d'un membre de phrase, est toujours invariable, parce que *l'* équivaut alors à *cela,* qui est du masculin singulier, ou bien à un membre de phrase sous-entendu qui, s'il était exprimé, serait placé après le participe. Ainsi l'on écrira sans accord :

La famine arriva comme Joseph L'*avait* PRÉDIT (c'est-à-dire *comme Joseph avait prédit* CELA, ou bien *comme Joseph avait prédit* QU'ELLE ARRIVERAIT).

Cette personne n'est pas aussi instruite que je L'*avais* CRU (c'est-à-dire *que j'avais cru* CELA, ou bien *que j'avais cru* QU'ELLE ÉTAIT INSTRUITE).

REMARQUEZ que si le pronom *l'* tient la place non pas d'un membre de phrase, mais d'un substantif, il va sans dire qu'il y a accord. Ainsi on écrira : *Je sais ma leçon; je* L'*ai* ÉTUDIÉE, c'est-à-dire *j'ai étudié* ELLE.

Les blés que j'ai vus grandir.

175. RÈGLE V. — Le participe passé *suivi d'un infinitif* s'accorde en genre et en nombre, s'il a pour régime direct le pronom qui précède, et reste invariable s'il a pour régime direct l'infinitif qui suit. *Ex.* :

Les blés QUE *j'ai* VUS GRANDIR; *les blés que j'ai* VU SEMER.

Les élèves QUE *vous avez* LAISSÉS SORTIR; *les élèves qui se sont* LAISSÉ SURPASSER *par leurs condisciples.*

Les personnes QUE *j'avais* ENGAGÉES *à vous* VOIR; *les personnes que j'avais* DÉSIRÉ DE VOIR.

REMARQUEZ 1° que lorsque le participe est suivi *immédiatement* de l'infinitif, c'est-à-dire sans en être séparé par aucune préposition, il y a un moyen facile de découvrir si c'est l'infinitif qui est régime direct, ou si c'est le pronom qui précède : tournez l'infinitif par le *participe présent*. Si ce changement peut avoir lieu sans altération pour le sens, c'est le pronom précédent qui est régime direct, et par conséquent il y a accord ; si ce changement ne peut avoir lieu, c'est l'infinitif qui suit qui est le régime direct, et par conséquent il n'y a point d'accord.

Soient les exemples cités plus haut :

Les blés que j'ai vus grandir. (On peut dire : *que j'ai vus* GRANDISSANT ; donc le régime direct est *que*, et par conséquent il y a accord.)

Les blés que j'ai vu semer. (On ne peut pas dire *que j'ai vus* SEMANT ; donc le régime direct est l'infinitif, et par conséquent il n'y a pas d'accord.)

Lorsque le participe est séparé de l'infinitif par une préposition, il n'y a jamais de difficulté pour découvrir si c'est le pronom qui précède ou l'infinitif suivant qui est complément.

REMARQUEZ 2° que le participe *fait*, suivi d'un infinitif, est toujours invariable, parce qu'il est regardé comme ne faisant qu'un seul verbe avec l'infinitif ; en sorte que le complément n'appartient ni à *fait*, ni à l'*infinitif*, mais aux deux verbes réunis. Ainsi on écrira sans accord :

Les ouvriers que j'ai FAIT TRAVAILLER ; *les élèves que j'ai* FAIT LIRE.

REMARQUEZ 3° que les participes *dû*, *pu* et *voulu* ont souvent pour complément direct un infinitif sous-entendu, et par conséquent restent invariables. Ainsi on écrira sans accord :

Je lui ai rendu tous les services que j'ai PU (sous-entendu *lui rendre*) ; *je lui ai rendu tous les services que j'ai* DU, *que j'ai* VOULU (sous-entendu encore *lui rendre.*)

Mais on écrira avec accord : *Il m'a payé toutes les sommes qu'il m'a* DUES; *il veut fortement les choses* QU'*il a une fois* VOULUES.

REMARQUEZ 4° que les participes *eu* et *donné*, suivis d'un infinitif dont ils sont séparés par la préposition *à*, peuvent avoir indifféremment pour complément direct le pronom qui précède ou l'infinitif qui suit : par conséquent on peut les faire varier à volonté. On écrira donc :

Les difficultés que j'ai EUES *à surmonter*, ou bien *les difficultés que j'ai* EU *à surmonter*.

Les devoirs qu'on m'a DONNÉS *à faire*, ou bien *les devoirs qu'on m'a* DONNÉ *à faire*.

Voici de bons fruits : j'en ai acheté.

176. RÈGLE VI. — Le participe passé ayant pour *seul régime le pronom* EN, est toujours invariable, parce que *en* signifie *de cela*, et n'est jamais employé que comme régime indirect. Ainsi on écrira sans accord :

*Voici de bons fruits : j'*EN *ai* ACHETÉ.

Ces pêches étant mûres, nous EN *avons* CUEILLI.

REMARQUEZ 1° que toutes les fois que le pronom *en* est dans une phrase, il ne faut pas en conclure que le participe soit invariable : car, outre le pronom *en*, qui est régime indirect, le participe peut avoir, comme dans les phrases suivantes, un complément direct avec lequel il s'accorde. *Ex.* :

Je LES *en ai* REMERCIÉS (c'est-à-dire *j'ai remercié* EUX *de cela*).

Il NOUS *en a* PRÉVENUS (c'est-à-dire *il a prévenu* NOUS *de cela*).

Remarquez 2° que le pronom *en* précédé des adverbes *combien, autant, plus, etc.*, ne fait pas varier le participe. Ecrivez donc : *Autant de batailles il a livrées, autant il en a* GAGNÉ ; — *Combien j'en ai* LU, en parlant de livres ; *combien j'en ai* REÇU, en parlant de lettres.

Le peu d'affection que vous avez témoignée à cet enfant.

177. **Règle vii.** — Le participe passé ayant pour complément direct *le peu* suivi d'un substantif, est tantôt variable et tantôt invariable : il est variable, s'il a pour régime direct le substantif qui suit *le peu;* il est invariable, au contraire, s'il a pour régime direct *le peu*, qui est du masculin singulier. *Ex. :*

*Le peu d'*AFFECTION *que vous avez* TÉMOIGNÉE *à cet enfant, lui a rendu le courage* (Ici *affection* est régime direct).

LE PEU *d'affection que vous avez* TÉMOIGNÉ *à cet enfant, lui a ôté le courage* (Ici *le peu* est régime direct).

Remarquez qu'il y a deux moyens faciles de distinguer si c'est *le peu* qui est régime direct, ou bien si c'est le *nom* qui suit *le peu*.

1° Si *le peu* signifie *une petite quantité*, c'est le substantif qui est le régimè direct; s'il signifie *le manque*, c'est *le peu* qui est le régime direct. Or il est facile de voir que dans le premier exemple donné, *le peu* signifie *une petite quantité;* car c'est parce qu'il y a eu quelques témoignages d'affection, que l'enfant a repris courage. Dans le second exemple, au contraire, *le peu* signifie évidemment le *manque;* car c'est parce qu'il y a eu absence, manque de témoignages d'affection, que l'enfant a perdu courage.

2° Si l'on peut retrancher *le peu* sans altérer le sens, c'est le substantif qui est le régime; si on ne le peut pas, c'est *le peu* qui est le régime. Or, dans le premier exemple, on peut dire : *l'affection que vous lui avez témoignée lui a rendu le courage*, accord ; mais dans le second, on ne saurait dire : *l'affection que vous lui avez témoignée l'a découragé*, point d'accord.

CHAPITRE VII.

DE L'ADVERBE.

1. PLUS *et* DAVANTAGE.

Il a plus de brillant que de solide.

178. Règle. — Les adverbes *plus* et *davantage* ne s'emploient pas toujours indifféremment l'un pour l'autre :

Davantage ne peut être suivi de la préposition *de* ni de la conjonction *que*. Ainsi dites :

Il a PLUS *de brillant* QUE *de solide*, et non pas, *il a* DAVANTAGE *de brillant* QUE *de solide*.

Il se fie PLUS *à ses lumières* QU'*à celles des autres*, et non pas *il se fie* DAVANTAGE *à ses lumières* QU'*à celles des autres*.

Remarquez 1° qu'on pourrait dire très-bien : *Je désire que vous soyez savant, mais je désire encore* DAVANTAGE QUE *vous soyez vertueux; depuis que j'ai été puni, je crains* DAVANTAGE DE *commettre des fautes*, parce que dans ces exemples, *de* et *que* dépendent non pas de l'adverbe *davantage*, mais des verbes *désirer* et *craindre* : *Je désire... que, je crains... de.*

REMARQUEZ 2° que *davantage* ne doit jamais s'employer pour *le plus*. Dites donc : *De toutes les fleurs, la rose est celle qui me plaît* LE PLUS, et non pas, *qui me plaît* DAVANTAGE.

2. AUPARAVANT ; — ALENTOUR.

Il faut réfléchir avant de parler.

179. RÈGLE I. — L'adverbe *auparavant* et la préposition *avant* ne doivent pas s'employer l'un pour l'autre :

Auparavant ne peut être suivi ni de la préposition *de*, ni de la conjonction *que*, ni d'aucune espèce de complément. Ainsi dites :

Il faut réfléchir AVANT DE *parler*, et non pas, AUPARAVANT QUE *de parler.*

AVANT *l'âge*, AVANT *le temps*, et non pas, AUPARAVANT *l'âge*, AUPARAVANT *le temps.*

REMARQUEZ qu'on pourrait dire très-bien : *Si vous voulez sortir, il serait utile* AUPARAVANT DE *prévenir vos parents*, parce que, dans cet exemple, *de* dépend, non pas de l'adverbe *auparavant*, mais du verbe *être utile* : *Il serait utile... de.*

Ils se rangèrent autour d'une table.

179 *bis*. RÈGLE II. — L'adverbe *alentour* et la préposition *autour* ne doivent pas non plus s'employer l'un pour l'autre :

Alentour ne peut être suivi d'aucune espèce de complément. Ainsi dites :

Ils se rangèrent AUTOUR *d'une table*, et non pas, ALENTOUR *d'une table.*

3. DESSUS, DESSOUS, DEDANS, DEHORS.

Mon livre est sur la table.

180. RÈGLE. — Les adverbes *dessus, dessous, dedans, dehors*, ne doivent pas se confondre avec les prépositions *sur, sous, dans, hors* :

Dessus, dessous, dedans, dehors, ne peuvent être suivis d'un complément. Ainsi dites :

Mon livre est SUR *la table*, et non pas, *est* DESSUS *la table*.

Je suis DANS *la chambre*, et non pas, *je suis* DEDANS *la chambre*.

REMARQUEZ que ces adverbes peuvent cependant être suivis d'un complément en deux circonstances : 1° quand ils sont employés en opposition. *Ex. : Il y a des animaux* DESSUS *et* DESSOUS *la terre*, 2° quand ils sont précédés d'une préposition, comme *de, à, par*, EX. : *On voit le feu* DE DESSUS *les tours*.

4. PLUS TÔT *et* PLUTÔT.

Il arriva plus tôt que les autres.

181. RÈGLE. — Les adverbes *plus tôt* et *plutôt*, qui s'écrivent, le premier en deux mots, et le second en un seul mot, ne doivent pas se confondre l'un avec l'autre :

Plus tôt signifie *de meilleure heure*; — *plutôt* signifie *préférablement*, *de préférence*. Ex. :

Il arriva PLUS TÔT *que les autres*, c'est-à-dire *de meilleure heure*.

De ces deux objets, prenez PLUTÔT *celui-là*, c'est-à-dire, *prenez de préférence*.

5. TOUT DE SUITE *et* DE SUITE.

Il faut qu'un élève obéisse tout de suite.

182. Règle. — Les adverbes *tout de suite* et *de suite* ne doivent pas se confondre l'un avec l'autre :

Tout de suite signifie *sur-le-champ ;* — *de suite* signifie *l'un après l'autre, sans interruption.* Ex. :

Il faut qu'un élève obéisse TOUT DE SUITE.
Il ne saurait dire deux mots DE SUITE.

6. TOUT-A-COUP *et* TOUT D'UN COUP.

Cette maison est tombée tout-à-coup.

183. Règle. — Les adverbes *tout-à-coup* et *tout d'un coup* ne doivent pas se confondre l'un avec l'autre :

Tout-à-coup signifie *soudainement, en un moment;* — *tout d'un coup,* signifie *en une seule fois.* Ex. :

Cette maison est tombée TOUT-A-COUP.
Il a gagné mille écus TOUT D'UN COUP.

7. SI.

Il était si fort en colère, qu'il me frappa.

184. Règle. — L'adverbe *si* ne se place ni devant une locution adverbiale, ni devant un participe passé qui ne s'emploie pas en même temps comme adjectif. Ainsi dites :

Il était SI FORT EN COLÈRE, *qu'il me frappa,* et non pas, *il était* SI EN COLÈRE.

Il est venu SI BIEN A PROPOS, et non pas, SI A PROPOS.

Dites également : *Cet homme est* SI ÉCLAIRÉ, SI RANGÉ ; mais ne dites pas : *cet homme est* SI AIMÉ, SI

CRAINT, parce que les participes *aimé* et *craint* ne s'emploient pas comme adjectifs.

L'adverbe *très* ne se place jamais devant un substantif. Ne dites donc pas : *j'ai* **TRÈS**-*faim*, **TRÈS**-*soif*, mais *j'ai bien faim*, *j'ai extrêmement soif*.

8. NE, NE... PAS, NE... POINT.

La pluie empêche que nous n'allions jouer.

185. **Règle I.** — Le verbe *empêcher* et les locutions conjonctives *à moins que*, *de peur que*, *de crainte que*, veulent toujours être suivis de la négation *ne* (1). Ainsi dites :

La pluie **EMPÊCHE** *que nous* **N'***allions jouer*, et non pas, *que nous allions jouer*.

A MOINS QUE, DE PEUR QUE *vous* **NE** *partiez*.

Remarquez qu'il n'en est pas de même du verbe *défendre*, non plus que des locutions *avant que* et *sans que* : ils ne sont jamais suivis de *ne*. Dites donc : *Je* **DÉFENDS** *que vous fassiez telle chose*, et non pas, *que vous* **NE** *fassiez* ; — **AVANT QU'***il parte* ; — **SANS QUE** *nous en soyons avertis*.

Je ne doute pas qu'il ne se porte bien.

186. **Règle II.** — Les verbes *douter*, *disconvenir*, *nier*, *désespérer*, veulent être suivis de la négation *ne*, mais seulement quand ils sont accompagnés eux-mêmes d'une négation (2). *Ex.* :

JE NE DOUTE PAS *qu'il* **NE** *se porte bien*.

JE NE NIE PAS *qu'il* **N'***en soit ainsi*.

---

(1) Cependant, si le verbe *empêcher* est accompagné d'une négation, l'emploi de *ne* devient peut-être facultatif.

(2) Cependant, après *nier* et *disconvenir*, accompagnés d'une négation, l'emploi de *ne* est peut-être facultatif.

Mais on dirait sans la négation : JE DOUTE *qu'il se porte bien ;* JE NIE *qu'il en soit ainsi*, parce que les verbes *nier* et *douter* ne sont pas accompagnés eux-mêmes d'une négation.

Je crains que le maître ne vienne.

187. RÈGLE III. — Les verbes *craindre, appréhender, avoir peur, trembler,* les comparatifs formés à l'aide de *plus, mieux, moins,* ainsi que *autre, autrement,* veulent être suivis de la négation *ne*, comme les verbes de la règle précédente, mais seulement, au contraire, quand ils ne sont pas accompagnés eux-mêmes d'une négation. *Ex.* :

JE CRAINS *que le maître* NE *vienne.*

Il est PLUS SAVANT *que vous* NE *croyez ; il parle* AUTREMENT *qu'il* NE *pense.*

Mais on dirait sans la négation : JE NE CRAINS PAS *qu'il vienne ; il* N'EST PAS MOINS SAVANT *que vous croyez ; il* NE *parle* PAS AUTREMENT *qu'il pense.*

REMARQUEZ que les négations *ne, ne... pas, ne... point,* ont plus ou moins de force : *ne* nie moins fortement que *ne... pas*, et *ne... pas*, moins fortement que *ne... point.*

CHAPITRE VIII.

DE LA PRÉPOSITION.

1. VIS-A-VIS, EN FACE, PROCHE, PRÈS, *etc.*

Il demeure vis-à-vis de l'église.

188. RÈGLE. — Les prépositions *vis-à-vis, en face, proche, près, hors*, veulent toujours être suivies de la préposition *de*. Ainsi dites :

Il demeure vis-à-vis **DE**, *en face* **DE** *l'église;* et non pas *vis-à-vis l'église, en face l'église.*

Il est près **DE**, *proche* **DE**, *hors* **DE** *l'église.*

REMARQUEZ 1° que si *de* se supprime quelquefois après ces prépositions, ce n'est que dans le style familier; encore ne se supprime-t-il jamais après *en face.*

REMARQUEZ 2° que *vis-à-vis* ne doit jamais s'employer dans le sens de *à l'égard de.* Ne dites donc pas : *Il s'est mal conduit* **VIS-A-VIS** *de vous,* **VIS-A-VIS** *de moi;* mais *à votre égard, à mon égard,* ou *envers vous, envers moi.*

2. AU TRAVERS, A TRAVERS.

Au travers de ce buisson.

189. **RÈGLE.** — Les prépositions *au travers* et *à travers* ne doivent pas se confondre l'une avec l'autre :

Au travers veut être suivi de la préposition *de*, et *à travers* la rejette. *Ex.* :

Au travers **DE** *ce buisson; à travers les ennemis.*

3. VOICI, VOILA.

Voici mon livre, et voilà le vôtre.

190. **RÈGLE.** — Les prépositions *voici* et *voilà* ne doivent pas se confondre l'une avec l'autre :

Voici s'emploie pour désigner ou les objets dont on est le plus proche, ou les objets dont on va parler.

Voilà s'emploie pour désigner ou les objets dont on est le plus éloigné, ou les objets dont on vient de parler. *Ex.* :

VOICI *mon livre, et* VOILA *le vôtre.*

L'innocence, l'empire sur les passions, VOILA *la véritable grandeur.*

VOICI *de bons médecins : la gaîté, l'exercice, la tempérance.*

4. A, DE, EN.

Les progrès dépendent de l'application et de l'assiduité.

191. RÈGLE. — Les prépositions *à, de, en,* se répètent toujours devant chaque mot qui sert de complément. *Ex.* :

Les progrès dépendent DE *l'application et* DE *l'assiduité.*

Il a voyagé EN *France,* EN *Espagne et* EN *Italie.*

REMARQUEZ que les autres prépositions ne se répètent que lorsque les mots ne signifient pas la même chose. Ainsi on dira, en répétant la préposition : *Rien n'est moins* SELON *Dieu et* SELON *le monde; je sais* PAR *l'histoire et* PAR *la géographie*, parce que *Dieu* et *le monde, l'histoire* et *la géographie*, ne signifient pas la même chose; mais on dira, sans répéter la préposition : *Parlez* AVEC *modestie et retenue; ne languissez pas* DANS *la paresse et l'oisiveté*, parce que les mots signifient la même chose.

CHAPITRE IX.

DE LA CONJONCTION.

1. QUE.

192. La conjonction *que* gouverne l'indicatif ou le subjonctif, selon les verbes après lesquels elle se trouve placée.

§ 1er. *Que* après les verbes qui marquent *le doute, le désir, la crainte, la volonté, etc.*

Je doute que le roi soit arrivé.

193. **Règle.** — La conjonction *que*, après les verbes qui marquent le *doute*, l'*incertitude*, le *souhait*, le *désir*, la *crainte*, la *volonté*, *etc.*, gouverne le subjonctif. *Ex.* :

JE DOUTE *que le roi* SOIT ARRIVÉ.
JE CRAINS *que le maître ne* VIENNE.

§ 2. *Que* après les verbes accompagnés d'une négation ou d'une interrogation.

Je ne crois pas qu'il vienne.

194. **Règle.**—La conjonction *que*, après tout verbe accompagné d'une négation ou d'une interrogation, gouverne le subjonctif. *Ex.* :

Je NE *crois* pas *qu'il* VIENNE.
QUI *n'avoue que la vertu ne* SOIT *aimable?*

REMARQUEZ que lorsqu'on emploie l'interrogation non pas pour demander une chose qu'on ignore, mais pour exprimer avec plus de force une chose dont on est certain, il n'y a pas lieu d'employer le subjonctif. Ainsi on dira avec l'indicatif : *O Hommes!* OUBLIEZ-VOUS *donc que vous* ÊTES *chrétiens?*

§ 3. *Que* après les verbes impersonnels.

Il semble que cet enfant soit malade.

195. **Règle.** — La conjonction *que*, après les verbes impersonnels ou employés impersonnellement, gouverne le subjonctif. *Ex.* :

IL SEMBLE *que cet enfant* SOIT *malade*, et non pas EST *malade*.

IL IMPORTAIT *que vous* ARRIVASSIEZ *plus tôt,* et non pas *que vous* ARRIVIEZ.

C'EST DOMMAGE, C'EST FACHEUX (c'est-à-dire il est dommage, il est fâcheux) *que vous n'*AYEZ *pas appris cela plus tôt*, et non pas *que vous n'*AVEZ *pas appris cela plus tôt.*

EXCEPTION. — Les verbes impersonnels *il y a, il paraît, il résulte, il est certain, il s'ensuit,* et tous ceux qui marquent la certitude, auxquels il faut joindre *il semble*, quand il est accompagné d'un pronom personnel en cette sorte, *il* ME *semble, il* VOUS *semblait, etc.*, gouverne l'indicatif, parce que tous ces verbes expriment quelque chose de positif et de certain, et que le subjonctif, comme on sait, est précédé généralement d'un verbe qui exprime le doute. Dites donc :

IL PARAÎT, *il* ME *semble qu'il* A *raison.*

IL RÉSULTE *de ces explications que vous* AVEZ *tort.*

Si cependant ces verbes sont accompagnés d'une négation ou d'une interrogation, qui leur donne alors un sens douteux, ils gouvernent le subjonctif, comme tous les verbes impersonnels. Par conséquent on dira : *Vous paraît-il, vous semble-t-il qu'il* AIT *raison? — Il* NE *résulte pas de ces explications que vous* AYEZ *tort.* — Il en est de même s'ils sont accompagnés de la conjonction *si.* Dites donc : *S'il vous semble que cela* SOIT *vrai*, et non pas, EST *vrai.*

REMARQUEZ que les pronoms relatifs *que, qui, dont, lequel, laquelle, où*, gouvernent généralement le subjonctif, comme *que* conjonction, dans les deux cas suivants :

1° Lorsque ces pronoms sont précédés de *le seul*,

de *peu*, ou d'un superlatif formé avec *le plus*, *le moins*, *le mieux*. Ex. :

Le chrétien est LE SEUL QUI *ne* CRAIGNE *pas la mort.*

Il y a PEU *d'hommes* QUI SACHENT *supporter l'adversité.*

C'est LE MEILLEUR *élève* QUE *je* CONNAISSE.

C'est LA SEULE *place* OU *vous* PUISSIEZ *aspirer.*

Si cependant on détermine, on désigne d'une manière positive telle personne ou telle chose, il faut se servir de l'indicatif. C'est pourquoi l'on dira : *De ces deux officiers, c'est* LE PLUS *jeune que je* CONNAIS.

2° Lorsque ces pronoms relatifs sont suivis d'un verbe exprimant un état, une action, une chose en un mot, qu'on doute de voir se réaliser. Ainsi, une personne qui doute si elle réussira, dira avec le subjonctif :

Je cherche un ami QUI *me* RENDE *ce service.*

J'irai dans une retraite OU *je* SOIS *tranquille.*

Mais si elle ne doute pas qu'elle ne réussisse, elle dira avec l'indicatif :

Je cherche un ami QUI *me* RENDRA *ce service.*

J'irai dans une retraite OU *je* SERAI *tranquille.*

2. AFIN QUE, POUR QUE, A MOINS QUE, *etc.*

Il ne travaille pas à moins qu'on ne l'y contraigne.

196. Règle. — Les conjonctions *afin que*, *à moins que*, *avant que*, *en cas que*, *sans que*, *quoique*, auxquelles il faut joindre *quelque..... que*, gouvernent le subjonctif. *Ex.* :

Il ne travaille pas A MOINS QU'*on ne* L'Y CONTRAIGNE.

Je vous écrirai AVANT QUE *vous* PARTIEZ.

Remarquez 1° que, *tout.... que*, quoique ayant le

même sens que *quelque.... que*, ne gouverne pas le même mode : *tout que* gouverne l'indicatif. Dites donc : *Tout instruit qu'il* EST, et non pas *qu'il* SOIT ; — *Tout méchants que nous* SOMMES, et non pas *que nous* SOYONS.

REMARQUEZ 2° que les conjonctions composées de *que* ne se répètent guère deux fois dans la même phrase ; on répète seulement *que*. Dites donc : *On fait bien des fautes* LORSQU'ON *est jeune et* QU'*on ne prend conseil que de soi-même ;* et non pas, LORSQU'*on est jeune et* LORSQU'*on ne prend conseil que de soi-même ;* — QUOIQUE *vous ayez de grandes richesses et* QUE *vous soyez savant, ne vous enorgueillissez point.*

Les conjonctions *si*, *quand*, *comme*, ne se répètent guère non plus dans la même phrase : on les remplace par *que*. Dites donc : QUAND *on est riche et* QU'*on est généreux, on ne manque pas d'amis ;* — SI *vous aimez Dieu, et* QUE *vous* OBSERVIEZ *sa loi, vous jouirez d'un bonheur parfait ;* — SI *vous aviez voulu, et* QUE *vous* EUSSIEZ PU. (*Que* tenant la place de *si* gouverne toujours le subjonctif.)

REMARQUEZ 3° que plusieurs des conjonctions composées de *que*, comme *afin que*, *à moins que*, *avant que*, *sans que*, se remplacent bien par *que*, même quand ces conjonctions ne doivent être exprimées qu'une fois. Ainsi, dites : *Approchez,* QUE *nous vous parlions*, c'est-à-dire AFIN QUE *nous vous parlions ;* —*Il ne viendra pas*, QU'*on ne lui écrive*, c'est-à-dire AVANT QU'*on lui écrive ;* — *Je ne partirai pas* QUE *je ne vous aie dit adieu*, c'est-à-dire AVANT QUE *je vous aie dit adieu*, *etc.* (1).

(1) Les conjonctions *de façon que, de sorte que, de manière*

197. *A quel* TEMPS *du subjonctif faut-il mettre le verbe qui suit* QUE, AFIN QUE, etc. ?

Pour le savoir, il faut examiner à quel temps est le verbe qui précède la conjonction. De là, deux règles générales.

Je doute que le roi vienne bientôt.

198. RÈGLE I. — Si le premier verbe est au présent ou au futur, on met le second au *présent* ou au *passé* du subjonctif : *au présent,* si l'on veut exprimer une action présente ou future ; au *passé,* si l'on veut exprimer une action passée. *Ex.* :

JE DOUTE *que le roi* VIENNE *bientôt* (action future).
JE NE CROIS PAS *qu'il* LISE (action présente).
JE NE CROIS PAS *qu'il* AIT *encore* DÎNÉ (action passée).

EXCEPTION. — Lorsque le verbe au subjonctif est suivi d'une expression conditionnelle énoncée ordinairement par *si* ou bien par *quand* ou par *sans,* ayant l'un et l'autre le sens de *si*, on emploie *l'imparfait* du subjonctif au lieu du présent ; — et le *plus-que-parfait* au lieu du passé. Ainsi dites :

Je ne crois pas que vous ÉTUDIASSIEZ *à l'heure qu'il est* (action présente), *si l'on ne vous y contraignait.*

Je ne crois pas que vous ÉTUDIASSIEZ *demain* (action à venir), *si l'on ne vous y contraignait.*

Je ne crois pas que vous EUSSIEZ ÉTUDIÉ *hier* (action passée), *si l'on ne vous y eût contraint.*

Je doute qu'il EUT RÉUSSI *sans vous*, c'est-à-dire *si vous ne l'eussiez protégé.*

---

que, si ce n'est que, sinon que, gouvernent tantôt le subjonctif, et tantôt l'indicatif; l'usage seul suffit pour qu'on ne s'y trompe jamais.

Il y a un moyen facile de reconnaître s'il existe ou non une expression conditionnelle dans la phrase, et par conséquent s'il faut se servir de l'imparfait ou du plus-que-parfait : toutes les fois que cette expression conditionnelle existe, l'imparfait du subjonctif peut se remplacer, sans altérer le sens, par le conditionnel présent, et le plus-que-parfait par le conditionnel passé. Ainsi, dans les exemples précédents, on peut dire : *Je ne crois pas que vous* ÉTUDIERIEZ *si, etc.; je ne crois pas que vous* AURIEZ ÉTUDIÉ *si, etc.*

Je doutais que le roi vînt bientôt.

199. RÈGLE II. — Si le premier verbe est à l'imparfait, au plus-que-parfait, aux autres passés ou aux temps du conditionnel, on met le second à l'*imparfait* ou au *plus-que-parfait* du subjonctif : à l'*imparfait*, si l'on veut exprimer une action présente ou future ; — au *plus-que-parfait,* si l'on veut exprimer une action passée. *Ex. :*

JE DOUTAIS *que le roi* VÎNT *bientôt* (action future).

Il ne se DOUTAIT *pas que vous* FUSSIEZ *ici* (action présente).

Nous ne SAVIONS *pas qu'il vous* EUT ÉCRIT (action passée).

EXCEPTION. — Lorsque le premier verbe est au *passé indéfini*, et qu'il est suivi d'une des conjonctions *afin que, pour que, de crainte que, de peur que, quoique, bien que*, on emploie le *présent* au lieu de l'imparfait, si l'on veut exprimer une action présente ou future par rapport au moment où l'on parle ; — et l'*imparfait*, si l'on veut exprimer une action passée par rapport au moment où l'on parle. Ainsi dites :

Il a voulu se mettre en route, quoiqu'il SOIT *encore très-faible* (action présente).

Je lui ai écrit, afin qu'il SOIT *ici demain* (action future).

Nous avons entrepris et terminé ces travaux, bien que l'exécution en FUT *difficile* (action passée : l'imparfait indique que la difficulté n'existe plus).

REMARQUEZ que *on dirait,* qui est un conditionnel, équivaut à *il semble,* et rentre par conséquent dans la première règle générale. De même, *je ne saurais*, qui est aussi un conditionnel, équivaut quelquefois à *je ne puis*, et rentre pareillement dans la première règle. Ainsi dites : NE DIRAIT-ON *pas que le ciel* VEUILLE *de nouveau inonder la terre?* et non pas *voulût*; — JE NE SAURAIS *croire qu'il* VEUILLE *vous tromper*, et non pas *qu'il voulût* (1).

OBSERVATION.—Au lieu de mettre le deuxième verbe au subjonctif, ne peut-on pas le mettre souvent à l'infinitif?

200. A la place du subjonctif, et même de l'indicatif, on peut se servir souvent et élégamment de l'infinitif. Ainsi, au lieu de dire : *Il vaut mieux* QU'ON SOIT *malheureux que criminel; mon frère est certain* QU'IL RÉUSSIRA ; *Dieu nous a créés* POUR QUE *nous* L'AIMIONS *et* QUE *nous le* SERVIONS ; dites, en employant l'infinitif :

Il vaut mieux ÊTRE *malheureux que criminel;*
Mon frère est certain de RÉUSSIR ;
*Dieu nous a créés pour l'*AIMER *et pour le* SERVIR.

(1) Les règles que nous donnons sur l'emploi du subjonctif, ne renferment peut-être pas tous les cas qui peuvent se présenter; mais la lecture et le bon sens guideront mieux, en cette matière, que des règles grammaticales.

REMARQUEZ 1° qu'on ne doit pas se servir de l'infinitif, s'il en résulte quelque équivoque pour le sens. Ainsi dans la phrase suivante : *Je vous instruis pour que vous rendiez service à vos parents ;* on ne pourrait pas dire, en se servant de l'infinitif : *Je vous instruis pour* RENDRE *service à vos parents.* Car, est-ce pour que *je rende* service à vos parents, ou est-ce pour que *vous rendiez* service vous-même à vos parents, que je vous instruis ? C'est ce que la phrase ne dirait plus.

REMARQUEZ 2° qu'il faut éviter d'employer plus de deux infinitifs de suite. Ne dites donc pas : *Je crois* POUVOIR ALLER VOIR *la ville de Paris ;* mais dites, en ayant recours aux autres modes : *Je crois que je* POURRAI *aller voir la ville de Paris.*

3. ET, PARCE QUE, QUOIQUE, QUAND.

201. 1. ET, conjonction, ne doit jamais s'employer pour unir deux membres de phrase commençant par *plus, mieux, moins, autant.* Ne dites donc pas : *Plus on est savant,* ET *plus on est modeste ;* mais *plus on est savant, plus on est modeste.*

2. PARCE QUE, conjonction, qui s'écrit en deux mots, et qui signifie *à cause que* (1), ne doit pas se confondre avec PAR CE QUE, qui s'écrit en trois mots, et qui signifie *par les choses que.* Ex. :

Faites l'aumône, PARCE QU'*elle est agréable à Dieu ;* — PAR CE QU'*il dit, on voit qu'il a tort.*

3. QUOIQUE, conjonction, qui s'écrit en un mot, et qui signifie *bien que,* ne doit pas se confondre avec

(1) *A cause que* a vieilli et ne s'emploie plus.

QUOI QUE, qui s'écrit en deux mots, et qui signifie *quelque chose que*. Ex. :

QUOIQUE *j'aie salué des méchants, je ne suis pas pour cela un méchant ;* — QUOI QUE *vous fassiez à un ingrat, vous ne lui ferez jamais assez.*

4. QUAND, conjonction, qui s'écrit par un *d* et qui signifie *lorsque, à quelle époque*, ne doit pas se confondre avec QUANT, préposition, qui s'écrit par un *t* et qui signifie *à l'égard de*. Ex. :

Venez QUAND *vous aurez fini.* — QUANT *à cette affaire, je ne m'en occupe pas.*

CHAPITRE X.

DE L'INTERJECTION.

Ah! quel bonheur! — Ha! vous voilà!

202. RÈGLE I. — Il ne faut pas confondre *ah!* et *ha!* Le premier marque la joie, la douleur, l'admiration; le second, la surprise. *Ex.* : AH! *quel bonheur!* HA! *vous voilà!*

Oh! quelle surprise! — Ho! dites-moi!

203. RÈGLE II. — Il ne faut pas confondre *oh!* et *ho!* Le premier marque l'admiration, la surprise, etc.; le second sert à appeler. *Ex.* : OH! *quelle surprise!* — HO! *dites-moi!*

Eh! qui n'a pleuré dans sa vie! — Hé! d'où venez-vous?

204. RÈGLE III. — Il ne faut pas confondre *eh!* et *hé!* Le premier marque la douleur; le second sert à appeler. *Ex.* : EH! *qui n'a pleuré dans sa vie!* — HÉ! *d'où venez-vous?*

SUPPLÉMENT

A LA SECONDE PARTIE DE LA GRAMMAIRE FRANÇAISE.

205. Ce supplément a pour but, comme nous l'avons dit, de compléter la seconde partie de la Grammaire française, et de donner : 1° un modèle d'analyse logique, c'est-à-dire la manière de rendre compte de chaque phrase d'un discours ; 2° les principes de la ponctuation des phrases ; 3° la construction régulière de certaines phrases vicieuses. De là trois chapitres.

CHAPITRE PREMIER.

DE L'ANALYSE LOGIQUE.

206. *L'analyse logique* est la manière de rendre compte des phrases et des membres de phrase d'un discours : elle fait connaître le nombre des pensées, leur importance, leurs rapports, etc.

Un discours quelconque se compose d'un certain nombre de *phrases*, et une phrase se compose le plus souvent de plusieurs parties qu'on appelle *propositions*. — Il y a autant de parties ou de propositions dans une phrase, qu'il y a de verbes *à un mode personnel*, c'est-à-dire à tout autre mode qu'à l'infinitif ou au participe. Ainsi, quand je dis : *Dieu est éternel, et les hommes sont mortels*, il y a deux propositions, parce qu'il y a deux verbes à un mode personnel, *est* et *sont*.

Proposition.

Sujet, Verbe, Attribut.

207. *Toute proposition* se compose nécessairement de trois parties : d'un *verbe*, d'un *sujet* et d'un *attribut*.

Le *sujet* est le mot qui exprime la personne ou la chose dont on parle ; — *l'attribut* est le mot qui exprime la qualité ou manière d'être qu'on attribue au sujet ; — le *verbe* est le mot qui unit l'attribut au sujet. Ainsi quand je dis : *Dieu est bon*, il n'y a qu'une seule proposition dont DIEU est le *sujet ;* BON, *l'attribut ;* EST, le *verbe.*

REMARQUEZ 1° qu'en analyse logique, le verbe de la proposition est toujours le verbe *être*. C'est pourquoi lorsque, dans une proposition, il y a un autre verbe que le verbe *être* lui-même, comme *je lis*, *je cours*, *je menace*, etc., ces verbes se décomposent ainsi : *Je* SUIS *lisant*, *je* SUIS *courant*, *je* SUIS *menaçant*, et le participe présent qui résulte de cette décomposition est *l'attribut.* Ainsi *lisant*, *courant*, *menaçant*, sont des attributs. D'où l'on voit qu'en analyse logique, le verbe et l'attribut ne forment le plus souvent qu'un seul mot.

REMARQUEZ 2° qu'outre le sujet, le verbe et l'attribut, il y a presque toujours, dans toute proposition, une quatrième partie, qu'on appelle *complément*, qui peut être nécessaire au sens, mais qui n'est pas nécessaire à la proposition.

Complément.

208. Le *Complément*, en analyse logique, est le nom que l'on donne à tout mot, ou même à toute proposition qui sert soit à expliquer, à qualifier le

sujet ou l'attribut, soit à les déterminer, à en compléter le sens. Ainsi quand je dis :

La crainte DE DIEU *est le commencement* DE LA SAGESSE, il n'y a dans cette phrase qu'une seule proposition, *la crainte... est le commencement...* dont le sujet est *la crainte;* le verbe, *est;* et l'attribut, *le commencement.* Cette proposition réduite à ses trois termes essentiels, *la crainte est le commencement,* n'a pas de sens. Mais que l'on ajoute au sujet le mot *Dieu,* et à l'attribut le mot *sagesse,* la phrase a un sens satisfaisant et complet. Or les mots qui lui donnent ainsi un sens satisfaisant et complet, sont appelés *les compléments,* l'un du sujet, et l'autre de l'attribut.

REMARQUEZ 1° que lorsque le sujet ou l'attribut ont ainsi un complément, on dit qu'ils sont *complexes;* lorsqu'ils n'en ont point, on dit qu'ils sont *incomplexes.*

REMARQUEZ en même temps 2° que lorsque le sujet ou l'attribut sont exprimés chacun par un seul mot, on dit qu'ils sont *simples;* lorsqu'ils sont exprimés chacun par plusieurs mots, on dit qu'ils sont *composés.* Ainsi les sujets et les attributs sont *simples* dans les exemples suivants :

LA VERTU *est* AIMABLE; — LE SOLEIL *brille,* mot à mot *est* BRILLANT; — *ces* ENFANTS *sont* DOCILES.

Au contraire, ils sont *composés* dans les exemples suivants :

Les MENTEURS *et les* VOLEURS *sont* VILS *et* MÉPRISABLES; — *ces* ENFANTS *et ces* MAÎTRES *lisent et écrivent,* mot à mot *sont* LISANT *et* ÉCRIVANT.

Différentes sortes de Propositions.

209. Il y a deux sortes de propositions : la proposition *principale* et la proposition *incidente.*

PROPOSITION PRINCIPALE.

210. On appelle proposition *principale* celle qui est ordinairement la première, soit qu'on parle, soit qu'on écrive, ou bien toute proposition qui, n'étant pas la première, n'est le complément ni d'un sujet ni d'un attribut. Ainsi il y a deux propositions principales dans l'exemple qui suit :

Les ignorants sont sujets à se tromper, et ont coutume de se décider hardiment.

Dans cet autre exemple : *Je déclare que je punirai sévèrement tout élève paresseux,* il n'y a qu'une proposition principale, bien qu'il y ait deux propositions. En effet, l'exemple revient à ceci : *Je suis déclarant que je serai punissant, etc...* Or il n'est pas difficile de voir que la seconde proposition *je serai punissant* complète le sens de l'attribut *déclarant,* et n'est pas par conséquent une proposition principale.

Remarquez, à propos du dernier exemple cité, qu'une proposition principale n'a pas toujours un sens complet par elle-même : le plus souvent elle n'est que le commencement d'une pensée.

PROPOSITION INCIDENTE.

211. On appelle *proposition incidente* toute proposition qui sert de complément soit au sujet, soit à l'attribut d'une autre proposition, soit même à toute une proposition. Ainsi, dans le dernier exemple cité, la proposition *que je punirai* est une proposition incidente.

Si la proposition incidente ne forme pas un complément nécessaire pour l'intelligence de la phrase, tellement qu'on puisse la retrancher sans dénaturer le sens, on l'appelle *incidente explicative.* Ainsi quand je dis : *Dieu, qui est juste, récompensera les bons,* la proposition incidente, *qui est juste,* est une incidente explicative ; car on peut la retrancher sans dénaturer le sens, et dire : *Dieu récompensera les bons.*

Si, au contraire, la proposition incidente forme un complément nécessaire pour l'intelligence de la phrase, tellement qu'on ne puisse pas la retrancher sans dénaturer le sens, on l'appelle incidente *déterminative.* Ainsi quand je dis : *Les animaux qui sont le plus féroces, sont le tigre et la panthère,* la proposition incidente, *qui sont le plus féroces,* est une incidente déterminative; car on ne peut la retrancher sans ôter tout sens à la phrase. En effet, on ne peut pas dire : *Les animaux sont le tigre et la panthère.*

REMARQUEZ qu'une proposition est généralement *incidente,* quand elle commence par un pronom relatif ou par une conjonction, comme *que, lorsque, puisque, afin que;* au contraire, une proposition est généralement principale, quand elle ne commence ni par un pronom relatif ni par une conjonction.

212. OBSERVATION. — Les trois parties nécessaires à toute proposition sont-elles toujours exprimées? Non. Elles sont quelquefois sous-entendues. Tantôt c'est le sujet, comme dans cette phrase : *Aimons Dieu* (sous-entendu *nous*); — tantôt c'est l'attribut, comme dans celle-ci : *La maison est en cendres* (sous-entendu *réduite*); — tantôt, enfin, ce sont les trois parties, comme dans ces phrases : AH! *quel plaisir! Dormez-vous?* NON. AH! forme, lui seul, une proposition qui

équivaut à *je suis content*. NON, équivaut à *je ne dors pas*.

Lorsque les trois parties d'une proposition sont exprimées, on l'appelle *pleine*; — lorsqu'il en manque une ou deux on l'appelle *elliptique*; — lorsqu'aucune des parties n'est exprimée, on l'appelle *implicite*.

REMARQUEZ que toutes les interjections forment toujours une proposition implicite; il en est généralement de même des mots *oui*, *non*, *voici*, *voilà*, *etc*.

Modèle d'Analyse logique.

213. Soient les phrases suivantes à analyser :

Dieu est éternel.

Proposition principale. Le sujet est *Dieu*, simple et incomplexe. *Est*, est le verbe. L'attribut est *bon*, simple et incomplexe. Proposition pleine.

Les voleurs et les menteurs sont vils et méprisables.

Proposition principale. Le sujet est *voleurs et menteurs*, composé et incomplexe. *Sont* est le verbe. L'attribut est *vils et méprisables*, composé et incomplexe. Proposition pleine.

Dieu, qui est juste, récompensera les bons (mot à mot, *Dieu... sera récompensant les bons*).

Deux propositions, dont l'une principale et l'autre incidente.

Proposition principale, *Dieu sera récompensant*. Le sujet est *Dieu*, simple et complexe; complexe, parce qu'il a pour complément *qui est juste*. *Sera* est le verbe. L'attribut est *récompensant*. Proposition pleine.

Proposition incidente, *qui est juste*. Le sujet est

qui, simple et incomplexe. *Est,* est le verbe. L'attribut est *juste,* simple et incomplexe. Proposition incidente explicative et pleine.

Les animaux qui sont le plus féroces, sont le tigre et la panthère.

Deux propositions, dont l'une principale et l'autre incidente.

Proposition principale, *les animaux sont le tigre et la panthère.* Le sujet est *les animaux,* simple et complexe ; complexe, parce qu'il a pour complément, *qui sont le plus féroces. Sont* est le verbe. L'attribut est *tigre et panthère,* composé et incomplexe. Proposition pleine.

Proposition incidente, *qui sont le plus féroces.* Le sujet est *qui,* simple et incomplexe. *Sont* est le verbe. L'attribut est *le plus féroces,* simple et incomplexe. Proposition incidente déterminative et pleine.

Qui a fait le soleil? Dieu (c'est comme si l'on répondait : *Dieu a fait le soleil*).

Deux propositions principales.

Première proposition principale, *qui a été faisant le soleil?* Le sujet est *qui. A été* est le verbe. L'attribut est *faisant,* simple et complexe; complexe, parce qu'il a pour complément *le soleil.* Proposition pleine.

Deuxième proposition principale, *Dieu,* qui équivaut à *Dieu a fait le soleil.* Proposition elliptique, parce que le verbe et l'attribut sont sous-entendus.

Viendrez-vous? Oui.

Deux propositions principales.

Première proposition principale, *viendrez-vous?*

qui équivant à *serez-vous venant?* Proposition pleine.

Deuxième proposition principale, *oui*, qui équivaut à *je serai venant*. Proposition *implicite*, parce que ni le sujet, ni le verbe, ni l'attribut, ne sont exprimés.

CHAPITRE II.

DE LA PONCTUATION.

214. La *Ponctuation* sert à faire distinguer, à l'aide de petits signes, les différentes propositions ou parties dont une phrase est composée, et à marquer les pauses que l'on doit faire en lisant.

Les signes de la ponctuation sont : la *virgule*, le *point-virgule*, les *deux points*, le *point*, le *point interrogatif*, le *point exclamatif*, auxquels il faut joindre la *parenthèse* ( ), les *guillemets* (»), et le *tiret* ou *trait de séparation* (—).

§ 1er. De la Virgule.

215. On emploie la virgule :

1° Pour séparer, dans une même proposition, les différentes parties d'un sujet ou d'un attribut *composés*, ou bien les compléments de même nature d'un sujet ou d'un attribut *complexes*. Ex. :

La CANDEUR, *la* DOUCEUR, *la* SIMPLICITÉ, *sont les vertus de l'enfance* (sujet composé).

La charité est DOUCE, PATIENTE, BIENFAISANTE (attribut composé).

L'homme sage règle SES GOUTS, SES TRAVAUX, SES PLAISIRS (attribut complexe).

REMARQUEZ que si deux de ces parties sont unies par l'une des conjonctions *et, ou, ni,* et qu'elles n'excèdent pas ensemble la portée de la respiration, on ne les sépare point par la virgule. Ainsi on dira sans virgule : *La charité est douce, patiente* ET *bienfaisante; l'homme sage règle ses goûts, ses travaux* ET *ses plaisirs ;* — mais on dira, avec une virgule, à cause de la longueur de la phrase : *Nul n'est content de son sort,* NI *mécontent de son esprit.*

2° Pour séparer entre elles des propositions de même espèce, soit principales, soit incidentes, lorsqu'elles n'ont pas beaucoup d'étendue. *Ex.* :

César écrivit au sénat : JE SUIS VENU, J'AI VU, J'AI VAINCU.

La vraie piété ÉLÈVE *l'esprit*, ENNOBLIT *le cœur*, AFFERMIT *le courage.*

REMARQUEZ que si les propositions ont une certaine étendue, on remplace la virgule par un point-virgule.

3° Avant et après les propositions incidentes explicatives. *Ex.* :

Dieu, QUI EST JUSTE, *récompensera les bons.*
Dieu, QUI VOIT TOUT, *ne laisse pas le crime impuni.*

REMARQUEZ qu'il en est de même pour tout mot ou toute réunion de mots qu'on peut retrancher, comme les propositions explicatives, sans dénaturer le sens de la phrase ; tels sont, par exemple, les mots mis en apostrophe. *Ex. : Sont-ce là,* Ô MON FILS, *les pensées d'un enfant chrétien? — la vie,* DISAIT SOCRATE, *ne doit être que la méditation de la mort ;— les méchants ne sont pas heureux,* QUOIQU'ILS PROSPÈRENT QUELQUEFOIS.

4° Après une proposition incidente déterminative qui sépare un verbe de son sujet. *Ex.* :

Les animaux QUI SONT LE PLUS FÉROCES, *sont le tigre et la panthère.*

L'homme QUI SE LAISSE CONDUIRE PAR SES PASSIONS, *est un vil esclave.*

REMARQUEZ que la proposition déterminative n'est pas précédée de la virgule, comme l'explicative.

5° Dans une proposition elliptique, pour tenir lieu d'un verbe exprimé dans une proposition précédente. *Ex.* :

L'amour de la gloire MEUT *les grandes âmes, et* L'AMOUR DE L'ARGENT, LES AMES VULGAIRES, c'est-à-dire *l'amour de l'argent* MEUT *les âmes vulgaires.*

§ 2. Du Point-Virgule.

216. On emploie le point-virgule :

Pour séparer entre elles les propositions soit principales, soit incidentes, quand elles ont une certaine étendue. *Ex.* :

Vous adorerez Dieu et vous l'aimerez de tout votre cœur; vous honorerez vos parents et vous les respecterez.

La douceur est, à la vérité, une vertu; mais elle ne doit pas dégénérer en faiblesse.

§ 3. Des Deux Points.

217. On emploie les deux points :

1° Après une proposition qui annonce une citation ou des détails. *Ex.* :

Jésus-Christ a dit : Vous aimerez votre prochain comme vous-même.

J'aime à trouver dans les enfants trois qualités : la docilité, l'intelligence et l'amour du travail.

Gaîté, doux exercice, modeste repas : voilà trois médecins qui ne se trompent pas.

REMARQUEZ, sur ce dernier exemple, que les détails peuvent précéder la proposition : alors les deux points la précèdent, au lieu de la suivre.

2° Avant une proposition qui sert à en prouver une autre qui la précède. *Ex. :*

Obligez tout le monde : on a souvent besoin d'un plus petit que soi.

Il faut servir Dieu : des châtiments éternels attendent l'impie.

§ 4. Du Point.

218. On emploie le *point* à la fin des phrases dont le sens est entièrement fini. *Ex. :*

Le mensonge est le plus bas de tous les vices.

Un chrétien ne doit jamais mentir, même en riant.

§ 5. Du Point interrogatif et de l'exclamatif.

219. On emploie le *point interrogatif* à la fin des phrases où l'on interroge : *Quoi de plus beau que la vertu ? Voulez-vous être heureux ? soyez vertueux.*

Le point exclamatif se met à la fin des phrases qui expriment l'admiration, la terreur, en un mot, un sentiment, une émotion quelconque :

Qu'il est doux de servir le Seigneur ! — Qu'il est glorieux de mourir pour la patrie !

§ 6. De la Parenthèse.

220. La *parenthèse* consiste en deux petits crochets ( ) entre lesquels on renferme quelques mots formant une proposition qui est étrangère à la phrase, et qui souvent sert à son éclaircissement. *Ex. :*

Je l'ai vu (J'EN FRISSONNE TOUJOURS) *frapper son père à mort.*

§ 7. Des Guillemets.

221. Les *guillemets* (») consistent en de petits signes assez semblables à une double virgule, entre lesquels on renferme les paroles d'un auteur que l'on cite textuellement. *Ex.* :

Un philosophe a dit : « L'amour-propre est le plus grand de tous les flatteurs. »

Remarquez que les *guillemets* se mettent au commencement et à la fin de la citation, et souvent même au commencement de chaque ligne de cette citation.

§ 8. Du Tiret ou Trait de séparation.

222. Le *tiret* (—) est un signe qui sert à marquer le changement d'interlocuteur dans un dialogue ; il épargne la répétition de *dit-il*, *répondit-il*, *etc.* Ex. :

Où est votre père, mon ami? — Il n'est pas à la maison. — Reviendra-t-il bientôt? — Je n'en sais rien.

Remarquez que le *tiret* sert aussi à séparer deux phrases qui n'ont aucun rapport entre elles.

CHAPITRE III.

DE LA CONSTRUCTION RÉGULIÈRE DE CERTAINES PHRASES VICIEUSES.

§ 1er. Noms.

223. Air. — En parlant de personnes, dites : *Cette personne a l'air* bon, *l'air* spirituel, *l'air* malin, en faisant accorder l'adjectif avec le nom *air*, toutes

les fois que ce nom peut être remplacé par *physionomie.* Si *air* ne peut pas être remplacé par *physionomie,* dites, en faisant accorder l'adjectif avec le sujet : *Cette personne a l'air* HEUREUSE, AISÉE, BRISÉE *par l'âge.*

En parlant de choses, il faut dire l'*air d'être : Ce devoir a l'*AIR D'ÊTRE *bien fait,* et non pas A L'AIR *bien fait; cette pomme a l'*AIR D'ÊTRE *mûre,* et non pas l'AIR *mûr.*

EXCUSE. — Ne dites pas : *Je vous demande* EXCUSE; dites : *Je vous demande* PARDON.

§ 2. Adjectifs.

224. CASUEL. — Ne dites pas : *Ce vase est* CASUEL ; dites : *Ce vase est* CASSANT, FRAGILE.

CONSÉQUENT. — Ne dites pas : *Cette affaire est* CONSÉQUENTE; dites : *Cette affaire est* IMPORTANTE.

INDIGNE. — Ne dites pas : *Cet enfant est* INDIGNE *de punition,* ou N'*est* PAS DIGNE *de punition;* dites *Cet enfant ne* MÉRITE *pas de punition.* L'adjectif *indigne,* et l'adjectif *digne* avec négation, ne se disent que du bien.

PASSAGER. — Ne dites pas : *Cette rue est* PASSAGÈRE; dites : *Cette rue est* PASSANTE.

PIRE. — Ne confondez pas *pire* avec *pis. Pire* signifie *plus mauvais : Jamais les hommes n'ont été* PIRES. — *Pis* est l'opposé de l'adverbe *mieux : Il va de mal en* PIS, *tant* PIS, etc.

TOUS DEUX. — Ne confondez pas *tous les deux, tous les trois,* avec *tous deux, tous trois, etc.,* sans article. *Tous deux* marque qu'on est ensemble; *tous* LES *deux* signifie l'un et l'autre sans être ensemble. Dites donc : *Nous nous promenions* TOUS DEUX *comme deux amis.* — Au delà du nombre *quatre*, on supprime rarement l'article.

VÉNÉNEUX. — Ne confondez pas *vénéneux* avec *venimeux* : *venimeux* se dit des animaux, et *vénéneux* des plantes.

§ 3. Verbes.

225. ABÎMER.—Ne dites guère : *J'*ABÎME *mon habit, mon chapeau ;* dites : *Je* SALIS, *je* FROISSE *mon habit.*

AGIR. — Ne dites pas : *Il* EN *a bien agi, mal agi avec moi ;* dites : *Il a bien agi, mal agi avec moi.*

ALLER. — Ne remplacez le verbe *aller* par le verbe *être* que dans les temps *composés*. Ne dites donc pas : *Je* FUS *hier à la promenade ; nous* FUMES *le voir*. Dites : *J'allai hier*, ou *j'ai été à la promenade, nous allâmes* ou *nous avons été le voir.*

COLORER. — Ne confondez pas *colorer* et *colorier*. *Colorer* signifie donner de la couleur : *Le vin* COLORE *l'eau.* — *Colorier* signifie l'art d'employer les couleurs : *Ce peintre* COLORIAIT *très-bien.*

DÉJEUNER. — Ce verbe, aussi bien que *dîner, goûter, souper,* prend *avec* devant un nom de personne : *J'ai déjeuné* AVEC *mon père ;* — et *de* avant les noms de choses : *J'ai déjeuné* DE *café*, D'*un poulet.*

DISPUTER. — N'employez pas comme verbe pronominal, mais bien comme verbe neutre, le verbe *disputer*, signifiant *être en débat, en contestation.* Ne dites donc pas : *Ils* SE *sont disputés longtemps* ; dites : *Ils ont disputé longtemps.*

ESPÉRER.—Ne faites jamais suivre *espérer, compter* et *promettre* d'un verbe au présent ou au passé, parce que ces trois verbes donnent toujours à l'esprit l'idée d'une chose future. Ne dites donc pas :

J'espère, je compte que vous AVEZ *bien travaillé, que vous* TRAVAILLEZ BIEN MAINTENANT ; dites : *Je* PENSE *que vous avez bien travaillé*, etc. On dirait très-bien : *Je compte que vous* TRAVAILLEREZ *désormais*, etc.

ENTENDRE RAILLERIE.—Ne confondez pas *entendre raillerie* avec *entendre la raillerie*. Le premier se dit d'un homme qui prend bien la raillerie, qui ne s'en offense pas ; le second, d'un homme qui a le talent de railler.

EVITER. — Ne dites pas : *Je vous* ÉVITERAI *cette peine, ce désagrément ;* dites : *Je vous* ÉPARGNERAI *cette peine.*

FALLOIR. — Ne confondez pas *il s'en faut* DE *beaucoup,* DE *peu*, avec *il s'en faut beaucoup, peu.* Le premier s'emploie quand il s'agit de quantité, de choses qui peuvent se compter, se mesurer : *Il s'en faut* DE *beaucoup que tous les élèves soient ici*. Le second s'emploie dans tous les autres cas.

FIXER. — N'employez pas indifféremment *fixer* et *regarder*. Ainsi ne dites pas : *Je le regardais, je le* FIXAIS ; dites : *Je le regardais* ou *je* FIXAIS LES YEUX *sur lui.*

IMPOSER. — Ne confondez pas *imposer* avec *en imposer*. *En imposer* signifie *tromper ; imposer* signifie *inspirer du respect.*

OBSERVER. — Ne dites pas : *Je vous observe que, etc. ;* dites : *Je vous* FAIS OBSERVER *que*, ou *je vous* PRIE D'OBSERVER *que*, *etc.*

SAIGNER. — Ne dites pas : *Je saigne* AU *nez* OU PAR *le nez ;* dites : *Je saigne* DU *nez.*

SE RAPPELER.—Ce verbe demande un régime direct. Ne dites donc pas : *Je me rappelle* DE *cette per-*

sonne, DE *cette histoire*; dites : *Je me rappelle cette personne, cette histoire.* — On dit bien devant un verbe : *Je me rappelle* DE *vous avoir vu.*

§ 4. Différentes sortes de mots.

226. NE DITES PAS :	DITES :
Le livre à mon frère.	*Le livre de mon frère.*
Ainsi donc vous avez tort.	*Ainsi vous avez tort.*
Venir à bonne heure.	*Venir de bonne heure.*
La clef est après la porte.	*La clef est à la porte.*
Changez-vous, vous êtes mouillé.	*Changez de vêtements, vous êtes mouillé.*
Comme de juste.	*Comme il est juste, comme de raison.*
Crainte qu'il ne vienne.	*De crainte qu'il ne vienne.*
Dépersuader.	*Dissuader.*
En outre de cela.	*Outre cela.*
Vers les midi.	*Vers le midi.*
Air minable.	*Air misérable.*
Faire à la perfection.	*Faire en perfection.*
Un petit peu.	*Un peu.*
Sucrez-vous.	*Prenez du sucre.*
Tâchez que je sois content.	*Faites en sorte que je sois content.*
Une heure de temps.	*Une heure.*
Une fois pour tout.	*Une fois pour toutes.*

FIN.

APPENDICE.

PETIT DICTIONNAIRE

des verbes irréguliers ou défectifs (1).

NOTA. — Nous entendons par verbes *irréguliers*, ceux dont un ou plusieurs temps dérivés ne se tirent pas des temps primitifs conformément aux règles que nous avons données; — par verbes *défectifs*, ceux qui manquent de certains temps, soit primitifs, soit dérivés. — On trouvera aussi dans ce petit dictionnaire plusieurs verbes qui sont réguliers, comme *coudre, moudre, etc.*, mais sur lesquels on fait souvent des fautes, parce qu'on ne connaît pas bien les temps primitifs.

ABSOUDRE, v. déf. rég. Il manque du passé déf. et de l'imparf. du subj. qui s'en forme; mais du reste il est *régulier*. Formez donc régulièrement les temps dérivés des temps primitifs, qui sont : *j'absous ; absoudre ; absolvant ; absous, absoute.*

ABSTENIR (s'), conj. comme *tenir.*

ABSTRAIRE, conj. comme *traire.*

ACCROIRE, verbe déf. Il n'est usité qu'à l'infinitif : *faire accroire.*

ACCUEILLIR, conj. comme *cueillir.*

ACQUÉRIR, verbe irrég. Les temps primitifs sont : *j'acquiers ; j'acquis ; acquérir ; acquérant; acquis, ise.* Les temps dérivés irrég. sont : prés. de l'ind., *j'acquiers, tu acquiers, il acquiert, n. acquérons, v. acquérez, ils acquièrent.* — Fut., *j'acquerrai, etc.* — Cond., *j'acquerrais, etc.;* — Subj. prés., *que j'acquière, q. tu acquières, qu'il acquière, q. n. acquérions, que vous acquériez, qu'ils acquièrent.* Les autres temps dérivés sont réguliers.

ALLER, v. irrég. Les temps primitifs sont : *je vais; j'allai; aller; allant; allé.* — Les temps dérivés irréguliers sont : prés. de l'ind., *je vais* ou *je vas, tu vas, il va, n. allons, v. allez, ils vont.* — Futur, *j'irai, etc.* — Cond., *j'irais, etc.* - Subj. prés., *que j'aille, q. tu ailles, qu'il aille, que n. allions, q. v. alliez, qu'ils aillent.*

APPARAITRE, conj. comme *paraître;* cependant il y a cette différence, que *apparaître* se conjugue indifféremment aux temps composés avec AVOIR OU ÊTRE; au lieu

(1) Ce petit dictionnaire est rédigé de telle manière, que les enfants peuvent parfaitement l'apprendre par cœur.

que *paraître* ne se conjugue qu'avec l'auxiliaire AVOIR.

APPARTENIR, conj. c. *tenir*.

APPRENDRE, conj. comme *prendre*.

ASSAILLIR, verbe rég. Les temps primitifs sont : *j'assaille; j'assaillis; assaillir; assaillant; assailli, ie.*

ASSEOIR, verbe irrég. Les temps primitifs sont : *j'assieds* ou *j'assois; j'assis; asseoir; asseyant* ou *assoyant, assis, ise.* Les temps dérivés irréguliers sont : Fut., *j'assiérai*, ou *j'asseyerai*, ou *j'assoirai, etc.* — Cond., *j'assiérais*, ou *j'asseyerais*, ou *j'assoirais, etc.*

Mais remarquez que les temps dérivés qui se forment du prés. de l'ind. et du part. prés. peuvent se conjuguer de deux manières, puisqu'on dit indifféremment : *j'assieds* ou *j'assois, asseyant* ou *assoyant.*

BÉNIR, v. rég. Temps primitifs : *je bénis; je bénis; bénir; bénissant; béni* ou *bénit.* (Le participe *bénit, bénite*, s'emploie quand il s'agit de choses consacrées par les prières des prêtres : *du pain bénit, de l'eau bénite;* — partout ailleurs, servez-vous de *béni, bénie : peuple béni de Dieu.*)

BOIRE, verbe irrégul. Les temps primitifs sont : *je bois; je bus; boire; buvant; bu, bue.* Les temps dérivés irréguliers sont : Prés. de l'ind., *je bois, tu bois, il boit, n. buvons, vous buvez, ils boivent;*—subj. présent, *que je boive, q. tu boives, q. boive, q. n. buvions q. vous buviez, qu'ils boivent.*

BOUILLIR, v. rég. Les temps prim. sont : *je bous; je bouillis; bouillir; bouillant; bouilli, ie.*

BRAIRE, v. déf. Il ne s'emploie guère qu'à l'inf., *braire*, et aux 3es pers. du prés. de l'ind., *il brait; ils braient;* — du fut., *il braira; ils brairont;* — du condit., *il brairait, ils brairaient.*

BRUIRE, v. déf. Il ne s'emploie guère qu'à l'inf., *bruire;* —à la 3e pers. du sing. du prés. de l'ind., *il bruit;* et aux 3es pers. de l'imp., *il bruyait, ils bruyaient.*

CHOIR, v. déf. Il ne s'emploie qu'à l'inf., *choir*, et au part. passé, *chu, ue.*

CLORE, v. déf. Il ne s'emploie qu'aux 3 pers. du sing. du prés. de l'ind, *je clos, tu clos, il clôt;* — au fut., *je clorai, etc.;*—au cond., *je clorais, etc.;*—au part. pas., *clos, close;* et à tous les temps composés, *j'ai clos, j'avais clos, etc.*

CONFIRE, v. rég. Les temps prim. sont : *je confis; je confis; confire; confisant; confit.* L'imparfait du subj. est très-peu usité.

CONNAITRE, v. rég. Temps prim. : *je connais; je connus; connaître; connaissant; connu.*

CONQUÉRIR, v. irrég. et déf. Conjuguez-le comme *acquérir;* mais il n'est guère usité qu'à l'infin., *conquérir;* — au passé déf., *je conquis;*—au part. pas., *conquis, ise;* — et aux temps composés, *j'ai conquis, j'avais conquis, etc.*

CONTREFAIRE, conj. comme *faire.*

COUDRE, v. rég. Les temps prim. sont : *je couds; je cousis; coudre; cousant; cousu, ue.*

COURIR, v. irrég. Les temps primitifs sont : *je cours; je courus; courir; courant; couru, ue.* Les temps dérivés irrég. sont : fut., *je courrai;*—cond., *je courrais.*

COUVRIR, v. rég. Les temps pr. sont : *je couvre; je couvris; couvrir; couvrant; couvert, te.*

CRAINDRE, v. rég. Les temps primitifs sont : *je crains; je craignis; craindre; craignant; craint, te.*

CROIRE, v. rég. Les temps primit. sont : *je crois; je crus; croire; croyant; cru, ue.*

CROITRE, v. rég. Les temps primitifs sont : *je croîs; je crûs; croître; croissant; crû, ue.*

CUEILLIR, verbe irrég. Les temps prim. sont : *je cueille; je cueillis; cueillir; cueillant; cueilli, ie.* Les temps dérivés irrég. sont : fut., *je cueillerai;* — cond., *je cueillerais.*

DÉCHOIR, v. déf. et irrég. Il manque du partic. prés. et de l'imp. de l'ind. qui s'en forme. Les temps prim. sont : *je déchois; je déchus; déchoir; déchu, ue.* Les temps dérivés irrég. sont : futur, *je décherrai;* — cond., *je décherrais.* Tous les autres temps dérivés se forment régulièrement, en supposant le partic. prés. *déchoyant.*

DÉFAIRE, conj. comme *faire.*

DÉSAPPRENDRE, conj. com. *prendre.*

DIRE, v. rég. Les temps primitifs sont : *je dis; je dis; dire; disant; dit, te.* Cependant la 2e pers. du pl. du prés. de l'ind. fait VOUS DITES, et non pas VOUS DISEZ. Le verbe *redire*, qui est composé de *dire,* fait aussi VOUS REDITES; mais les autres verbes composés de *dire* suivent la conj. régulière; c'est ainsi que *médire* fait *nous médisons, vous médisez, ils médisent.*

DISSOUDRE, conjug. comme *absoudre.*

DISTRAIRE, conj. c. *traire.*

ÉCHOIR, v. déf. et irrég. Il n'est guère usité qu'au prés. de l'indic., 3e pers. du sing., *il échoit*, qu'on prononce et qu'on écrit même quelquefois, *il échet;*—au passé déf., *j'échus, etc.;* — au fut., *j'écherrai, etc.;* — au cond., *j'écherrais, etc.;* — à l'imp. du subj., *que j'échusse, etc.;* — au part. prés., *échéant;* —au part. pas., *échu, ue.* Les temps comp. empruntent l'auxiliaire ÊTRE.

ÉCLORE, v. déf. rég. Il n'est guère usité qu'aux 3es pers. des temps suivants : ind. prés., *il éclôt, ils éclosent;* — fut., *il éclôra, ils éclôront;* — cond., *il éclôrait, ils éclôraient;* — subj. prés., *qu'il éclose, qu'ils éclosent;* — part. passé, *éclos, ose.*

Les temps composés sont tous usités, mais seulement aux 3es personnes; ils empruntent l'auxiliaire ÊTRE.

ENQUÉRIR (s'), conj. comme *acquérir*.

ENVOYER, v. irrég. Les temps prim. sont : *j'envoie; j'envoyai; envoyer; envoyant; envoyé, ée.* Les temps dérivés irréguliers sont : fut., *j'enverrai, etc.*; — cond., *j'enverrais, etc.*

FAILLIR, v. déf. Outre l'inf., il n'est guère usité qu'au pas. déf., *je faillis, etc.*; — et aux temps composés, *j'ai failli, j'avais failli, etc.*

FAIRE, v. irrég. Les temps primitifs sont : *je fais; je fis; faire; faisant; fait, te.* Les temps dérivés irrégul. sont : ind. prés., *je fais, tu fais, etc., n. faisons, v.* FAITES, *ils* FONT; — fut., *je ferai, etc.*; — cond., *je ferais, etc.*; — subj. présent, *que je fasse, que tu fasses, etc.*

FALLOIR, v. impers. déf. Il manque de l'impér. et du part. prés. Les autres temps sont : *il faut; il fallait; il fallut; il faudra; il faudrait; qu'il faille; qu'il fallût; fallu.*

FÉRIR, v. déf. Il n'est usité qu'à l'infinit. : *sans coup férir.*

FLEURIR, v. rég. Temps primitifs : *je fleuris; je fleuris; fleurir; fleurissant* ou *florissant; fleuri.* (Le participe *florissant* est toujours celui qu'on emploie lorsqu'il s'agit de la prospérité d'une personne, d'un empire, des sciences, d'une chose quelconque en un mot. — On dit aussi à l'imp. de l'ind., *fleurissait* ou *florissait*, qu'on emploie indifféremment s'il s'agit de choses comme les sciences, les arts; s'il s'agit de personnes ou de peuples, on dit toujours *florissait.*)

FORFAIRE, v. déf. Il n'est usité qu'à l'inf. et aux temps composés, *j'ai forfait, etc.*

FRIRE, v. déf. rég. Outre l'infinit., il n'est usité qu'au sing. du prés. de l'ind., *je fris, tu fris, il frit*; — fut., *je frirai, tu friras, etc.*; — cond., *je frirais, tu frirais, etc.*; — à l'impér., 2e pers. du sing., *fris*; — au part. passé, *frit, ite*, et aux temps composés.

GÉSIR, v. déf. rég. Inusité à l'infinitif, on ne l'emploie plus qu'au prés. de l'ind., *il gît, n. gisons, v. gisez, ils gisent*; — à l'imp., *je gisais, tu gisais, etc.*; — au part. prés., *gisant.*

HAIR, v. rég. Les temps primitifs sont : *je hais, je haïs, haïr; haïssant; haï.* — Remarquez que ce verbe prend deux points sur l'*i* dans toute la conjugaison, excepté aux 3 pers. du sing. du prés. de l'indic. et à la 2e pers. du sing. de l'impér. : *je hais, tu hais, il hait; hais*, qui se prononcent, *je hès, tu hès, il hèt; hès.*

JOINDRE, v. rég. Les temps prim. sont : *je joins; je joignis; joindre; joignant; joint, te.*

LIRE, v. rég. Les temps primitifs sont : *je lis; je lus; lire; lisant; lu, ue.*

LUIRE, v. déf. rég. Il manque du passé déf. et de l'imp. du subj. qui s'en forme; mais du reste il est rég. Formez donc régulièrement les temps dérivés des temps prim., qui sont: *je luis; luire; luisant; lui.*

MAUDIRE, v. rég. Les temps primitifs sont : *je maudis; je maudis; maudire; maudissant; maudit.*

MENTIR, v. rég. Les temps prim. sont : *je mens; je mentis; mentir; mentant; menti.*

METTRE, v. rég. Les temps primitifs sont : *je mets; je mis; mettre; mettant; mis.*

MOUDRE, v. rég. Les temps prim. sont : *je mouds; je moulus; moudre; moulant; moulu.*

MOURIR, v. irrég. Les temps primitifs sont : *je meurs; je mourus; mourir; mourant; mort.* Les temps dérivés irréguliers sont : *je meurs, etc., etc., vous mourez, ils* MEURENT ; — fut., *je mourrai, etc.*; — cond., *je mourrais;* — subj. prés., *que je meure, que tu meures, qu'il meure, que n. mourions, que v. mouriez, qu'ils meurent.* Les temps composés empruntent l'auxiliaire ÊTRE : *je suis mort, j'étais mort, etc.*

MOUVOIR, v. rég. Les temps primitifs sont : *je meus; je mus; mouvoir; mouvant; mu.*

NAITRE, v. rég. Les temps prim. sont : *je nais; je naquis; naître; naissant; né.* Les temps composés prennent l'auxiliaire ÊTRE : *je suis, j'étais né, etc.*

OBTENIR, conj. comme *tenir.*

OCCIRE, v. déf. Il n'est usité qu'à l'infin.; — au part. passé, *occis, ise;* — et aux temps composés.

OFFRIR, v. rég. Les temps primitifs sont : *j'offre; j'offris; offrir; offrant; offert.*

OINDRE, conj. com. *joindre.*

OUIR, v. déf. Il n'est plus guère usité qu'à l'infin.; — au participe passé, *ouï, ouïe;* — et aux temps composés : *j'ai ouï, j'avais ouï dire, etc.*

OUVRIR, conj. com. *couvrir.*

PAITRE, v. déf. rég. Il manque du pas. déf., de l'imparf. du subj. qui s'en forme, et de tous les temps composés; du reste il est rég. Formez donc régulièrement les temps dérivés des temps prim. qui sont : *je pais; paître; paissant; pu* (ce dernier n'est usité qu'en terme de fauconnerie).

PARAITRE, v. rég. Les temps prim. sont : *je parais; je parus; paraître; paraissant; paru.*

PEINDRE, v. rég. Temps primitifs : *je peins; je peignis; peindre; peignant; peint.* Conjuguez ainsi tous les verbes en *eindre,* ou *aindre,* comme *teindre, plaindre, etc.*

PLAIRE, v. rég. Temps primitifs : *je plais; je plus; plaire; plaisant; plu.*

POINDRE, v. déf. Il n'est usité qu'à l'infinitif, et à la 3e pers. du futur, *il poindra.*

POUVOIR, v. irrég. Les temps primitifs sont : *je peux* ou *je puis; je pus; pouvoir; pouvant; pu.* Les temps dérivés irrég.

sont : fut., *je pourrai*; — cond., *je pourrais*; — subj. prés., *que je puisse, que tu puisses, qu'il puisse, n. puissions, que v. puissiez, qu'ils puissent.*

POURVOIR, verbe irrég. Conj. com. *voir*, excepté au pas. déf., *je pourvus*; — au fut., *je pourvoirai*; — au cond., *je pourvoirais*; — à l'imp. du subj., *que je pourvusse.*

PRENDRE, v. rég. Temps primitifs : *je prends; je pris; prendre; prenant; pris.* (Dans ce verbe et dans ses composés, comme *apprendre, comprendre*, doublez la lettre *n*, toutes les fois qu'elle est suivie d'un *e* muet : *ils prennent, que je prenne, etc.*)

PRÉVALOIR, v. irrég. Conj. comme *valoir*, excepté au prés. du subj. qui se forme régulièrement : *que je prévale, que tu prévales, etc.*

PRÉVOIR, verbe irrég. Conj. comme *voir*, excepté au futur, *je prévoirai*; — et au cond., *je prévoirais.*

QUÉRIR, v. déf. Il n'est usité qu'à l'infinitif, et avec les verbes *aller, venir, envoyer.*

RAVOIR, v. déf. Il n'est usité qu'à l'infinitif.

RECONNAITRE, conj. comme *connaître.*

RECOUDRE, conj. c. *coudre.*

RECUEILLIR, conj. comme *cueillir.*

RENAITRE, conj. com. *naître*, excepté qu'il n'a point de part. passé.

REPAITRE, v. rég. Conj. com. *paître*; mais il n'est pas défectif. Temps prim. : *je repais; je repus; repaître; repaissant; repu.*

REQUÉRIR, conj. comme *acquérir.*

RÉSOUDRE, v. rég. Temps primitifs : *je résous; je résolus; résoudre; résolvant; résolu* et *résous.* (Le part. RÉSOLU s'emploie dans le sens de *terminé, décidé*; et RÉSOUS dans le sens de *changé en, dissipé : un brouillard* RÉSOUS *en pluie.* RÉSOUS n'a pas de féminin; on y supplée par celui de *résolu.*

RIRE, v. rég. Temps prim. : *je ris; je ris; rire; riant; ri.*

SATISFAIRE, conj. c. *faire.*

SAVOIR, v. irrég. Temps primitifs : *je sais; je sus; savoir; sachant; su.* Temps dérivés irrég. : ind. prés., *je sais, etc., nous savons, vous savez, ils savent*; — imp. *je savais, etc.*; — fut., *je saurai. etc.*; — cond., *je saurais, etc.*; — impér., *sache, sachons, sachez.*

SENTIR, v. rég. Temps primitifs : *je sens; je sentis; sentir; sentant; senti.*

SEOIR, v. déf. irrég. Dans le sens d'*être assis*, il n'est usité qu'au part. prés., *séant*, et au part. passé, *sis, sise.* — Dans le sens d'*être convenable*, il n'est usité qu'aux 3es personnes des temps suivants : ind. prés., *il sied, ils siéent*; — imp., *il seyait, ils seyaient*; — fut., *il siéra, ils siéront*; — cond., *il siérait, ils siéraient.* L'infinitif *seoir* est inusité.

SOUFFRIR, v. rég. Temps primitifs : *je souffre; je souffris; souffrir; souffrant; souffert.*

SOURIRE, conj. com. *rire.*

SOUSTRAIRE, conj. c. *traire.*

SOUTENIR, conj. c. *tenir.*

SUIVRE, v. rég. Temps primitifs : *je suis; je suivis; suivre; suivant; suivi.*

SURSOIR ou SURSEOIR, v. rég. Temps prim. : *je sursois; je sursis; sursoir; sursoyant; sursis.*

TAIRE, v. rég. Temps primitifs : *je tais; je tus; taire; taisant; tu.*

TENIR, v. irrég. Temps primitifs : *je tiens; je tins; tenir; tenant; tenu.* Temps dérivés irréguliers : ind. prés., *je tiens, etc.; n. tenons, v. tenez, ils tiennent;* — futur, *je tiendrai, etc.;* — cond., *je tiendrais, etc.;* — subj. prés., *que je tienne, que tu tiennes, qu'il tienne, que n. tenions, que vous teniez, qu'ils tiennent.* (Dans ce verbe, on double la lettre *n* quand elle est suivie d'un *e* muet.

TRAIRE, v. déf. rég. Il manque du passé déf. et de l'imparf. du subj. qui s'en forme; mais du reste il est régulier. Formez donc régulièrement les temps dérivés des temps primitifs, qui sont : *je trais; traire; trayant; trait.*

VAINCRE, v. rég. Temps primitifs : *je vaincs; je vainquis; vaincre; vainquant; vaincu.* (Remarquez, 1° que le présent et l'imparfait de l'indic. de ce verbe sont peu usités ; 2o au prés. de l'ind., la 3e personne du singulier se termine par un *c*; 3o devant *a, e, i, o,* on remplace le *c* par *qu* : *vainquant, nous vainquons, etc.*

VALOIR, v. irrég. Temps primitifs : *je vaux; je valus; valoir; valant; valu.* Temps dérivés irrég. : fut., *je vaudrai, etc.;* — cond., *je vaudrais, etc.;* — subj. prés., *que je vaille, que tu vailles, qu'il vaille, que nous valions, que vous valiez, qu'ils vaillent.*

VENIR, v. irrég. Conj. com. *tenir;* mais les temps compos. prennent l'auxiliaire ÊTRE : *je suis venu, j'étais venu, etc.*

VÊTIR, v. rég. Temps primitifs : *je vêts; je vêtis; vêtir; vêtant; vêtu.* (On trouve aussi *vêtissant* au part. prés., et par conséquent *nous vêtissons, etc.; je vêtissais, etc.*)

VIVRE, v. rég. Temps primitifs : *je vis; je vécus; vivre; vivant; vécu.*

VOIR, v. irrég. Temps primitifs : *je vois; je vis; voir; voyant; vu.* Temps dérivés irrég. : fut., *je verrai;* — cond., *je verrais.*

VOULOIR, v. irrégul. Temps primitifs : *je veux; je voulus; vouloir; voulant; voulu.* Temps dérivés irrég. : fut., *je voudrai;* — cond., *je voudrais;* — imp., *veux, voulons, voulez,* et plus souvent *veuillez;* — subj. prés., *que je veuille, que tu veuilles, qu'il veuille, que nous voulions, que v. vouliez, qu'ils veuillent.*

TABLE DES MATIÈRES.

PREMIÈRE PARTIE.

Supplément à la Première Partie.

SECONDE PARTIE.

Supplément à la Seconde Partie.

Appendice.

FIN DE LA TABLE.

Dijon. Impr. Peutet-Pommey.

[illegible] COURS [illegible]

Pour les [illegible]

[illegible]

GRAMMAIRE LATINE [illegible] *dans un ordre* [illegible]

[illegible] Ces trois Grammaires [illegible] un cours d'enseignement [illegible] n'a pas encore présenté [illegible] de pouvoir étudier [illegible] et de retrouver dans [illegible] la différence des trois langues, [illegible] mêmes divisions et souvent les mêmes [illegible]

PROSODIE LATINE, [illegible] édition. [illegible]

COURS COMPLET D'EXERCICES [illegible]

CORRIGÉ. Prix [illegible]

PETIT COURS D'EXERCICES [illegible]

CORRIGÉ. Prix [illegible]

COURS DE THÈMES LATINS [illegible]

CORRIGÉ. Prix [illegible]

Ces différents ouvrages [illegible] maisons d'éducation, telles que [illegible]

1° LES PETITS SÉMINAIRES de [illegible] *Strasbourg*, *Vernoux*, *Saint-*[illegible] *Nozeroy*, *Malines* (Belgique), [illegible] (Belgique), *Verdun-sur-*[illegible] *Sables-d'Olonne*, *Saint-*[illegible] *Verrières*, *Laon*, *Saint-*[illegible] *brison*, *Nantes*, *Guérande*, [illegible] *Notre-Dame-de-Liesse*, [illegible]

2° LES COLLÈGES, [illegible] Jésuites), *Digne*, *Langres*, [illegible] *Poitiers*, *Saint-Nizier* à *Lyon*, [illegible] *Bourbonne-les-Bains*, [illegible] *Narbonne*, *Pont-de-Beauvoisin*, [illegible] *Dizier*, *Toulouse*, [illegible] coul, et plusieurs du diocèse de [illegible]

3° LES CONGRÉGATIONS RELIGIEUSES [illegible] *Romans*, des sœurs de la Providence [illegible] *Bourgueil*, des sœurs [illegible] l'Éducation chrétienne à [illegible] à *Saint-Laurent-sur-*[illegible] des Sœurs de la [illegible] François-d'Assise à *Lyon*, [illegible] des Sœurs de la Sainte [illegible] de la Miséricorde à *Billom*, des Sœurs de la [illegible] *Bourg-Saint-Andéol*, des sœurs Ursulines [illegible] frères directeurs de l'institution [illegible] à *Fives-lez-Lille*, des Frères de Saint-[illegible] la Croix-de-Jésus à *Ménestérol*-[illegible]

www.ingramcontent.com/pod-product-compliance
Ingram Content Group UK Ltd.
Pitfield, Milton Keynes, MK11 3LW, UK
UKHW022049190726
13855UKWH00002B/452